未来工作

REDESIGNING WORK

［英］琳达·格拉顿（Lynda Gratton） 著
贾柳麟 译
风君 校

中信出版集团 | 北京

图书在版编目（CIP）数据

未来工作 /（英）琳达·格拉顿著；贾柳麟译 . -- 北京：中信出版社，2024.3
书名原文：Redesigning Work：How to Transform Your Organization and Make Hybrid Work for Everyone
ISBN 978-7-5217-6281-5

Ⅰ. ①未… Ⅱ. ①琳… ②贾… Ⅲ. ①工作方法－通俗读物 Ⅳ. ① B026-49

中国国家版本馆 CIP 数据核字 (2023) 第 251513 号

Copyright © LYNDA GRATTON, 2024 First published as REDESIGNING WORK in 2024 by Penguin business,
An imprint of Penguin General. Penguin General is part of the Penguin Random House group of companies.
Simplified Chinese translation copyright ©2024 by CITIC Press Corporation
ALL RIGHTS RESERVED
本书仅限中国大陆地区发行销售

未来工作
著者： [英]琳达·格拉顿
译者： 贾柳麟
出版发行：中信出版集团股份有限公司
（北京市朝阳区东三环北路 27 号嘉铭中心　邮编　100020）
承印者： 北京通州皇家印刷厂

开本：880mm×1230mm 1/32　　印张：8.75　　字数：210 千字
版次：2024 年 3 月第 1 版　　　　　印次：2024 年 3 月第 1 次印刷
京权图字：01-2024-0179　　　　　　书号：ISBN 978-7-5217-6281-5
定价：65.00 元

版权所有·侵权必究
如有印刷、装订问题，本公司负责调换。
服务热线：400-600-8099
投稿邮箱：author@citicpub.com

赞誉推荐

这是一本充满智慧、富有思想的书,它将引导企业做出对员工未来幸福和健康至关重要的选择,从而深刻影响组织绩效。琳达·格拉顿的这本新锐之作为我们提供了一种实用的方法来分析特定情形下的有效选择。

——哥伦比亚商学院教授、畅销书作者 丽塔·麦格拉思(Rita McGrath)

我们正处在一个巨大变革的时代。科技、气候和社会都在不断发展和改变,工作实践也发生深刻变化,这些对工作习惯的影响将是显著的,并且将影响每一位员工和企业家。琳达·格拉顿的书帮助我们深入思考了这些影响,这是一本双方必读的书。

——渣打银行前董事长兼首席执行官 阿伯索赫的默文·戴维斯勋爵(Lord Mervyn Davies of Abersoch)

琳达·格拉顿对未来工作的大量思考一直让我深感震撼。她研究了生活和工作的多种范式（不只是远程办公），这可能是引领我们更加稳健地通往未来之路的关键。这本书一定会受到热烈欢迎。

—— 美国企业高管、设计师、技术专家　前田约翰（John Maeda）

琳达·格拉顿撰写这本书的时机再好不过，因为每个首席执行官和他的高管团队都在努力思考未来的工作。公司不太可能快速洞悉最佳的变革方式，这正是琳达在这本书中的实用性建议会受到商界高度重视的原因。我对构建一个更好的工作环境十分兴奋，我们试图去实现这一目标，这本书正好为我们提供了非常出色的建议。

——万事达副董事长　安·凯恩斯（Ann Cairns）

《未来工作》抓住了一个千载难逢的机会，不仅重新思考了工作地点（线上办公、混合办公），还重新思考了谁在工作（根据不断变化的人口统计数据）、我们在做什么（根据不断发展的工作任务）、我们如何工作（强调协作），以及我们为什么工作（工作的目标和影响）。琳达·格拉顿利用她丰富的经验和专业知识，精心设计了一套指南和 4 步流程，指导团队在未来快速的变化中成功发展。《未来工作》是倡导团队协作人士的终极指南。

——未来工作战略家、主讲人、《适应优势》作者　希瑟·E. 麦高恩（Heather E. McGowan）

琳达·格拉顿深刻地认识到，新冠病毒感染疫情已经使我们摆脱了原有的工作模式，她向我们展示了如何利用这个机会来解决目前工作方式中的诸多问题。这是一本非常及时且实用的书。

——《办公室的未来：在家工作、远程工作和我们的艰难选择》作者　彼得·卡佩利（Peter Cappelli）

琳达·格拉顿越来越出类拔萃，她目前是帮助我们解读商业变化趋势的首席创想家。这本书总结了我们所面临的世界的变化，也帮助我们进一步去理解它。

——推特前副总裁、畅销书作者　布鲁斯·戴斯利（Bruce Daisley）

以"工作的未来"为主题的书一直被大众期待。琳达·格拉顿的《未来工作》不仅充满了敏锐的见解和清晰的事实，它还是一本指向明确的说明书，可以纠正我们在工作场所中出现的诸多问题。

——领导力战略家、《无敌军队：创建互联和参与式组织》作者　丹·庞蒂弗拉克特（Dan Pontefract）

这是一本充满真知灼见，同时又非常实用的指南，指导你重新思考如何完成工作。也许我们唯一确定的是，未来的工作场所不是一个固定的地点，它会受到许多主张和因素的影响，在未来几年，工作将继续成为人们关注的焦点。在琳达·格拉顿的帮助下，探索未来工作之旅会更加系统，也会更有价值。

——哈佛商学院教授、《无畏的组织》作者　艾米·C. 埃德蒙森（Amy C. Edmondson）

对于每个面临如何重新想象未来以及重新设计工作的人来说，这是一本非常有见地且及时的指南。这本书格外关注人的才能和潜力，书中全面细致的分析适用于任何运营规模或行业的组织。

——汇丰银行非执行董事、伦敦商学院理事会成员　玛丽·马什女爵（Dame Mary Marsh）

重新设计工作既复杂又极具挑战。格拉顿凭借数十年的研究、实践以及十分前沿的案例，为世界各地的组织提供了一个处理关键任务的妙招。

——南加州大学马歇尔商学院有效组织研究中心高级研究员　亚历克·利文森（Alec Levenson）

《未来工作》是一本非常宝贵的、适用于每一个领导者和每一个组织的指南。这本指南提供了实用框架和可行性案例，指导我们大胆思考何时、何地以及如何完成工作。作者展示了我们如何在工作中激发潜力，重新构想吸引未来人才的工作。这是每一位有意抓住后疫情时代的机遇，以新的方式获得人力资本的领导者的必读之书！

——万宝盛华集团董事长兼首席执行官　乔纳斯·普里辛格（Jonas Prising）

这本书为组织提供了直接且实用的建议，更为重要的是，这本书还为人们重新设计了更好的合作方式。这是一本必读之书。

——爱立信副总裁兼全球人才管理主管　塞利娜·米尔斯坦（Selina Millstam）

在世界各地的组织中，"未来的工作"都是一项热烈且至关重要的讨论。琳达的书带来一次绝佳的质疑，有助于我们挑战传统观念、习惯和优先级排序，也有助于每个人重新构建工作场所，提供有益于个人、企业和经济发展的出色方案。

——凤凰集团首席执行官、英国保险业协会前主席　安迪·布里格斯（Andy Briggs）

每个人都在谈论工作的未来。这本书提供了实用见解，以帮助我们应对诸多挑战，包括自动化带来的技术挑战以及居家办公带来的普遍挑战等。对未来工作感兴趣的人，应该读一读这本书。

——《新社会契约》作者、伦敦政治经济学院校长　米努什·沙菲克（Minouche Shafik）

这本引人入胜的书发人深省、研究深入、价值非凡，它将帮助管理者建立、领导和引导组织度过这一段不同寻常的变革时期。

——策士咨询公司创始人、战略大师　加里·哈梅尔（Gary Hamel）

琳达又成功了！凭借非凡的洞察、引人入胜的故事和富有价值的工具，她描绘了工作的未来。她的4步流程和16个行动清单，将成为个人和组织连接当下和未来的蓝图。

——密歇根大学罗斯商学院伦西斯·利克特商业教授、RBL咨询公司合伙人　戴维·尤里奇（Dave Ulrich）

致所有勇于重新设计工作的人

未来工作

目录

前言 / 001

第一章　如何重新设计工作 / 017

第二章　理解重要之处 / 027

第三章　重新构想未来 / 069

第四章　设计并测试　/ 141

第五章　行动与创造　/ 203

未来之路　　/ 249

致谢　/ 253

注释　/ 257

插图目录

图 1　工作场所和时间的灵活性　/　005

图 2　重新设计工作的四个步骤　/　020

图 3　框架：影响生产力的四个要素　/　032

图 4　框架：人际网络和强弱关系对知识传播的影响　/　037

图 5　框架：才能高低和对灵活性的期望　/　056

图 6　框架：重新构想工作场所和时间　/　074

图 7　框架：生产要素与工作场所和时间的可能组合　/　076

图 8　框架：工作场所和时间对生产要素的影响　/　077

图 9　框架：围绕关键要素设计的办公室类型　/　087

图 10　框架：边界管理　/　101

图 11　框架：不同类型的专注力　/　121

图 12　框架：多阶段人生　/　150

图 13　框架：预测机器对工作的影响　/　170

未来工作

前言

  毫无疑问,我们的工作领域正在经历一场堪称百年一遇的重大转变。转变发生之时,很多情形已经与往日不同:自动化正在重塑各行各业,并令我们的工作为之改变;我们开始接受自己会比父辈更加长寿,并且可能工作到 70 多岁的现实;许多人正在亲身经历传统家庭和社区结构日益多元化的进程。[1] 无论是我们的需求,还是我们对工作和公司的期望,也都已经发生巨变。

  然而,面对这些不断变化的需求,许多公司的反应还不够迅速。早在疫情暴发之前,我们就已经意识到自己养成了许多不良的工作习惯:安排过多会议,忍受长途通勤,没有足够的时间陪伴家人,还因为"始终在线"而备感压力。长久以来,我们一直希望能解决此类抱怨,但却始终未能如愿。我们的心灵饱受煎熬,碳足迹与日俱增,这些都在告诫我们,现在的工作方式是错误的,但这些工作习惯根深蒂固、难以改变。直到新冠病毒感染疫情改变了这一切。

我们在这场疫情中的共同经历创造了一个千载难逢的机会，那就是重新思考我们希望从自己的工作和职业生涯中获得什么。我们有机会质疑许多基本的假设，养成新的习惯，并塑造关于如何完成工作的全新叙事。这一经历也让企业的领导团队面临一个挑战：如何应对这些变化。他们是会继续坚守自己的工作方式，还是将此作为一个大胆变革的契机，重新设计工作，使工作更有目标、更高效、更敏捷、更灵活？

这是重新设计工作的绝佳机会。我致力于为你和你的同事提供支持——对那些正在重新塑造工作的技术、人口和社会趋势加以了解和考量，并从疫情中吸取经验教训。无论你领导的是 5 个人的小团队，还是 20 人的公司，又或者是一家拥有数千名雇员的跨国企业，本书都会帮助你选择合适的工作方式，并为团队和企业指明发展前路。

《未来工作》凝聚了我的心血，包含了我对工作这一主题所取得的研究和教学成果，以及我从行业领军者那里获得的洞见。"未来工作联盟"（The Future of Work Consortium）是我在 2010 年发起的一项研究倡议，疫情加速了这一倡议的发展，并为其注入新的动力。90 多家公司的高管齐聚在这项倡议之下，就工作这一主题进行了辩论和交流。这些想法已经通过我创立的研究和咨询业务公司 HSM Advisory 转化为实践，HSM 咨询公司与许多机构在重新设计工作的过程中建立了合作关系。作为伦敦商学院的教授，我在 2015 年开设了 MBA 选修课"工作的未来"，这让我有机会倾听数千名学员的观点，并不断完善我的理论。从 2020 年 3 月起，我坚持每天写日记（已多达 20 本），用来记录我在疫情防控期间的所见所闻。可以说，我非常清楚现在正是采取行动的最佳时机。

本书旨在呼吁人们采取行动，鼓励人们尝试新的想法、倾听新的观点，最重要的是，迈出从夸夸其谈到具体实践的关键一步。为了帮助大家成功实现这一飞跃，本书便是我为大家提供的重新设计工作的指南。

这是一个机会，我们可以借此大势，彻底改变我们的工作方式。随着我们对线上工作越发充满信心，获得的自由感会越发强烈，新的习惯逐渐养成，以往的工作模式则会被淡忘。我们在经历改变，未来的工作也是如此。

01　从"冻结"、"解冻"到"再冻结"

疫情的影响非同寻常，再怎么强调都不为过。为了描述疫情引发的一系列巨大变化，我们且将目光转向心理学家库尔特·勒温，他曾以"冻结—解冻"模型来呈现制度变革的过程。[2] 他描述了在通常情况下组织是如何"冻结"或处于"冻结"状态的，其文化、结构（比如向谁汇报）、实践（比如得到怎样的报酬）和流程（比如招聘）都是固定的。但当面临外部威胁时，这种停滞状态就会开始改变。外部威胁表现为多种形式，比如市场上出现了新的竞争对手、客户对产品或服务不满意、一批有才能的员工离职等。在这种情况下，公司就会从"冻结"状态转变为"解冻"状态。企业结构变得不稳定，高管们开始质疑长期以来坚持的假设，并开始尝试新的管理方式。解冻的结果是相应的制度开始改变。但是，随着时间的推移和威胁的减弱，公司开始"再冻结"，创新和变革又会被停滞和稳定所取代。

疫情之前，一些公司在面对自动化以及人口和社会的变化时，就已经开始"解冻"了。它们已然意识到，自动化趋势要求员工能够迅速提升技能甚至重新学习技能，以适应完全不同的职能角色，这将使学习变得更加重要。它们深知如此漫长的职业生涯所蕴藏的诸多可能性，传统的三阶段人生，即教育、工作和退休已不再合适，相反，多阶段的职业生涯更适合当前的情况。这意味着员工会更加重视以下机会：换工作、兼职创业、接受继续教育或周游世界。随着家庭结构的变化，他们认识到这种多样性，开始参与重新设计工作，从而使公司成为对每个人来说都富有吸引力的工作场所。

随着企业高管对自动化以及人口和社会的变化趋势日渐了解，他们意识到从根本上说，具有灵活性的工作不仅更受欢迎，而且如果能被着意设计，也会更加富有成效。因此，他们开始通过"解冻"工作结构来创造这种灵活性。

如图 1 所示，一些公司在实际操作中会尝试改变工作场所的灵活性，可以让员工在家、在线上或者在共享空间办公。早在 20 世纪 80 年代，英国电信公司便已开始让呼叫中心的员工居家办公。

其他一些公司则尝试调整工作时间，缩短工作时长，鼓励员工兼职，允许员工早上休息一小时但下午多工作一小时，或者与同事协作等。我们可以从这些先行者身上学到很多经验，在本书中我将分享其中一些公司的见解。

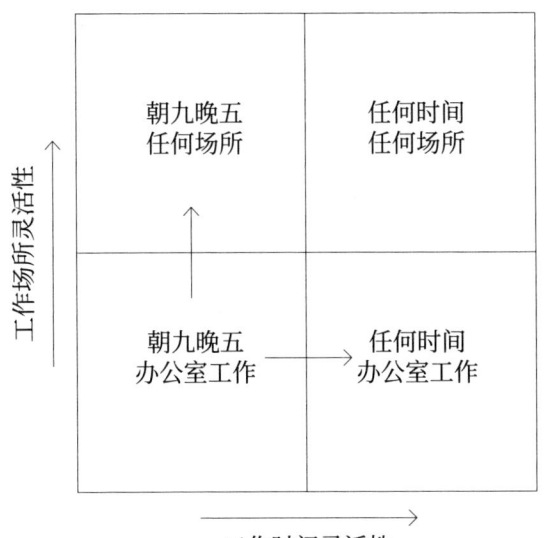

图 1　工作场所和时间的灵活性

然而，对于许多公司来说，它们对于工作场所和时间灵活性的调整只是浅尝辄止，领导者和高管们拒绝更大规模的变革，他们一直处于"冻结"状态。

2020 年，疫情使工作灵活性问题开始在全球"解冻"。随着各国进入封控状态，数以亿计的工作者转向远程办公。还有数百万人要挤出时间来照顾儿童、生病的亲人或社区中的邻居。公司必须迅速实施变革来保证员工的安全和业务的持续运转。放眼世界，当时各个国家的企业几乎都在进行关于工作场所和时间的试验，这堪称一次规模和速度空前的"解冻"。

虽然一些高管团队先前已经尝试过在工作场所和时间上保持

灵活性，但是疫情使他们都面临着全新的现实：他们是否可以拓宽工作场所覆盖的范围，以囊括任何地点（疫情防控期间大家通常待在家里）？他们能否改变以往朝九晚五的时间观念，换成更灵活的日程安排？更重要的是，在一个面对面沟通机会越来越少的世界里，科技在促进虚拟沟通方面能发挥怎样的作用？

通常情况下，每家公司在经历"解冻"时，都会在适当的时机，以一种体现公司所处独特环境的方式来进行"解冻"。但在疫情防控期间，世界各地的公司同时经历了导致"解冻"的情况，这是一种集体经历（collective experience）。那些原先鲜少谈论工作场所和时间的领导者，开始对办公室的作用或员工的心理健康做出评测，而评论者、商业心理学家、技术专家和记者都在争相发表自己的观点。集体的解冻转变为集体的想象（collective imagination）。社交媒体上充斥着人们对居家办公的想象，以及对办公场所的重新构想。在正常情况下，领导者们以"市政厅集会"*的方式与员工进行沟通，而如今他们却与这种沟通模式脱节，只能在家中利用远程办公平台和虚拟会议与员工沟通。

这种集体经历也转变为一次集体旅程，因为高管们会向他们的员工、团队和其他同事求助，来研判不断变化的现实和他们由此面临的选择。疫情防控期间，我一直与一位高管保持联系，她当时是汇丰银行（HSBC）的首席营销官，该银行在全球60多个市场开展了业务。2021年6月，她曾向我解释道：

---

* "市政厅集会"（town hall meeting）是一种召集所有员工并且员工可以现场提问的会议，一般是在公司有重大事项要宣布或者公司高层想要和员工直接沟通时采取的方式。这种会议源自西方选举中候选人与选民在市政厅举行的集会，后来引用到公司管理体系中。——编者注

我们当然还处于"解冻"阶段。集团内有一部分企业已经决定了重新设计工作的大方向,而其他企业仍在考虑之中。我把这种状态称为"泥泞路"——我们还在考虑各种选项,我们的看法也远未固化。我们宁愿陷于泥泞之中,也不愿失去想象力——这是一个真正提高标准和提升能力的机会。

02　提高标准的机会

疫情能提供这个"提高标准和提升能力"的独特机会,它消除了制度滞后,即机构和企业在满足个人需求上的延迟。这在一定程度上归因于新一代数字技术的出现和官僚作风的瓦解所带来的灵活性。但是我相信原因不限于此,还包括企业家个人的意愿以及推动他们实现变革的动力。

许多高管开始比以往任何时候都更能设身处地为他人着想,这种变化反映在平衡工作和家庭之间紧张关系的问题上。尽管坦诚地讲,这个问题早已存在了几十年,我们所缺乏的是对紧张关系采取切实行动的力量。但与以往不同的是,在疫情防控期间,高管们亲身感受到了这种紧张关系。

当然,住在花园别墅的高管与住在没有户外空间的小公寓的单身母亲的经历不尽相同。对于许多领导者来说,他们以往的生活经历与员工的日常生活有着比较大的差别。有些人请育儿嫂帮忙照看孩子,或者雇清洁工、园丁帮做家务。在这种生活保障下,大部分高管并不了解普通人的日常生活。但疫情——至少在 2020 年和 2021 年的大部分时间里——确实揭开了 20 世纪 70 年代哲学家约翰·罗尔斯所描述的"无知之幕"[3]。由于亲历一系列防控措施,他们开始更真切地感受到其他人所承受的压力和紧张,这激发了他们以前所缺乏的共情能力和同理心。

结果就是,领导者们现在更有动力去兼顾短期成效和长期变革。重要的是,随着领导者自己置身于变更之中,他们越发意识到其中的取舍,因为变革对他们和对员工的影响同样深刻。他们发自内心地意识到,虽然办公室可能是面对面合作的好地方,但长时间的通勤和办公桌前的久坐会消磨员工的精力和干劲。或者,虽然同事们一起制订工作计划可以加强彼此的协作,但往往也会分散注意力,从而导致无休止的线上会议。

我们发现,虽然解决一个问题带来了即时满足,但解决所有问题就要面临权衡和取舍。在这个时候,我们要把所有问题摆到桌面上进行艰难的讨论。这些讨论是至关重要的,因为这会让我们逐渐理解经济史学家从1 800年到现在一直观察到的现象:除非新技术和新工作方式与最佳实践相结合,否则很少能带来预期的生产力优势。[4] 此外,从历史上看,人们所需要的组织类型的转变进行得非常缓慢,直到现在依然如此。

2020年春,日本科技公司富士通的全球人力资源主管平松浩树和他的高管团队在不到两周的时间里,几乎让东京的六万名员工全部从办公室转移到家中办公。他那时对我说:

> 我们不会走回头路。我们不会再回到每个人每天必须到办公室工作的时代了。我们每天花两个小时通勤,这两个小时就是在浪费时间。我们可以用这两个小时来接受教育和培训,或者陪伴

家人。我们需要思考的是如何让我们的生活更富有成效和创造性。我们需要更多的方法来提高远程办公的效率。

这并不是个例,世界各国的高管团队都在做同样的事情。然而,尽管未来在任何时候都是不可预测的,但我开始意识到,对于许多高管来说,疫情教会了他们很多:人们可以快速学习数字技能,官僚主义可以有效破除,而且对许多人来说,灵活办公并非遥不可及。在这个过程中,他们也明确了新的工作方式消极的一面——面对"始终在线"的压力,人际关系和情感联结的重要性是他们未曾完全认识到的。

以下是不同组织从疫情的集体经历中积极吸取教训并重新设计工作时所发现的全新现实。

我们加快了数字技能的发展

我在对高管们进行调研时屡屡听到他们的抱怨:员工学习新技能,尤其是数字技能的速度太慢。但是在疫情防控期间,我们都被迫在工作、学习、购物和社交领域成为"数字原住民"。在最初的几个月里,在线教育平台 Coursera 的首席执行官杰夫·马焦卡尔达告诉我:"中国、日本和意大利的注册人数增长了3倍,其中注册公共卫生课程的人数最多。"令他兴奋的是这些在线学员相互支持的方式:"他们会积极地分享自己的经验,比如如何开展一门虚拟课程。这是一种乐于接受新鲜事物的全新面貌。"

更多的改变还在后面。使用谷歌课堂的学生和教师数量在两个月内翻了一番，达到了一亿。该公司报告称，谷歌设计的网络笔记本 Chromebook（美国许多学校的首选）销量"大幅增长"，学生和打工族使用谷歌 Meet 视频的时间增长了 30 倍。总部位于孟买的塔塔咨询服务公司的英国人力资源主管拉姆库马尔·钱德拉塞克兰告诉我，从 2020 年初到 2021 年，英国员工的学习时长有了 60% 的显著增长。微软首席执行官萨蒂亚·纳德拉认为，我们在疫情中的经历使各种新技术的运用提前了两年，这种观点已不足为奇。许多高管满怀信心地投身于数字化实验。全球电信公司沃达丰的英国业务主管安妮·希恩向我描述了他们是如何利用虚拟现实（VR）设备来向客户展示新技术的。普华永道会计师事务所的欧洲人力资源主管彼得·布朗分享了公司如何利用沉浸式虚拟现实技术，帮助应届毕业生在最初几周内快速了解公司。

当我们重新设计工作时，这些新获得的数字技能将变得至关重要。随着工作逐渐远程化和虚拟化，包括数字调度、项目管理和数字协同在内的一系列新流程将不可避免成为常态，而目前正在发展的数字技能将在这些流程创新中发挥关键作用。

我们摆脱了职场官僚化

许多高管团队抓住这次机会，放弃了以往效率低下的工作方式。在疫情初期，一位电信公司的首席执行官告诉我："我们已经摆脱官僚化，在短短四天内实现 6000 名员工居家远程办公。"另一位高管称："一切进行得非常顺畅，就像一台超频工作的电脑。我们果断对事情的优先级进行排序——立即放弃

20%的工作。"沃达丰的安妮·希恩告诉我：

> 我的团队过去常常要花一整天的时间进行战略讨论。现在我们把它拆分成两个半小时的会议。我们要讨论的内容非常清楚，提前阅读会议材料也给了我们思考的时间，让我们明确需要达成的目标。会议时间更短，但讨论更加清晰，这种方式真的非常有效。

斯坦福大学教授尼古拉斯·布鲁姆将这种对优先级排序、清理冗余和专注于结果的方式描述为"摆脱繁文缛节"[5]。

当然，随着管理层级的变革和会议的增多，官僚化有卷土重来的趋势。但当高管们着手重新设计工作时，他们对此可谓了然于胸，制定了继续简化工作方式的措施和流程，以确保企业保持灵活性和可适应性。例如，通过显著减少管理层级、创建更灵活的工作组和限制会议数量来重新设计工作。

我们更好地理解了灵活性所带来的回报和挑战

"让工作保持灵活性并且能够真正满足员工的个人需求"，这一点经常出现在我为研究未来工作而采访的高管们的愿望清单上。然而，他们也告诉我很难将灵活性真正付诸实践。但是疫情创造了好机会。

许多高管开始意识到，对于大多数员工来说，灵活工作是可以实现的。对于在富士通工作的平松浩树来说，在隔离的几个月里，工作逐渐显现为具有更高的灵活性和适应性。他当时告诉我：

我们希望吸引拥有不同技能和经验的人。3年前,只有女性员工居家办公,她们中的许多人为了照顾家人才这样做。但是在新形势下,每个人都可以在家里工作。从我自己的经历来看,我现在理解了那些女员工曾对我说过的话。我希望工作和生活的转变将有助于留住女性人才。而且现在我们可以随时随地工作,这使得我们可以与富士通以外的人开展更多合作。

S4资本广告公司的老板马丁·索雷尔替许多管理者总结道,他发现居家工作"充满活力",并期望工作方式将发生"永久性改变",为此他终止了一些办公场地的租约。"我每年在办公场地上的花费约为3 500万英镑,但我更愿意把这笔钱投资到人才身上,而非昂贵的办公室。"他这么说。

疫情提供了一个真正的机会,让我们能够摆脱固定的办公室工作方式,转而拥抱更灵活的工作方式——不仅在地点上灵活,也在时间上灵活。

我们学会了重视"关闭"按钮

事实证明,更灵活的工作方式有一个明显的副作用:我们无时无刻不在保持联系。在塔塔咨询服务公司工作的拉姆库马尔·钱德拉塞克兰完美总结了这一点,他说:"人们在电脑前花费的时间长得离谱,主要原因是团队会议过多。因为召开这些会议对人们来说太容易办到了,所以他们真的就开了这么多会。"

随着疫情的进展,"始终在线"所造成的精神和身体创伤开始逐渐显现。拉姆库马尔继续说道:"部分原因是不再通勤节省了许多时间。事实证明,很多人将'额外时间'重新分配到工作中,这样他们的工作时间就延长了。"

从美国和欧洲在疫情防控期间收集的 300 多万人的电子邮件的统计数据中,我们可以明确知晓人们的工作时长。这些数据表明,工作时长(一天之内发送第一封电子邮件到最后一封电子邮件的时间)增加了 48.5 分钟,从 9 小时 51.5 分钟增加到 10 小时 40 分钟(增幅 8.2%)[6],这在一定程度上是由下班后发送的电子邮件数量增多导致的。

疫情防控期间,许多人都在努力寻找"关闭"按钮,正如我将阐述的那样,创造一种目标明确的工作方式并及时集中精力,对于工作的高效开展至关重要。当你重新设计工作时,这将是一个切实的挑战,成功将取决于此。

我们意识到了人际关系至关重要

大多数高管团队都能看出员工的工作时间在延长。另一个逐渐突出的现象是,居家办公对人际关系产生了意想不到的影响。总的来说,人际关系萎缩了。这是因为居家办公者在熟悉的人身上花费的时间更多,而在他们不熟悉的人身上花费的时间更少,结交到新朋友的机会因此变少。

我们开始意识到,当每个人都居家办公时,我们就失去了彼此面对面或在办公室的"茶水间"交谈*的机会。英国央行时任

---

*. "茶水间"交谈是指员工在办公室的饮水机旁或茶水间与同事偶遇时发生的闲聊,人们通常认为这种非正式谈话是激发灵感和创意的源泉。——编者注

首席经济学家安迪·霍尔丹解释道:

> 接触新鲜且不同的事物——声音、气味、环境、想法、人——是创造性火花的关键来源。这些外部刺激是我们想象力的原动力,当想象照进现实,就是我们通常所说的创造力了。居家办公会让我们失去很多创造性的源泉——沟通的机会、新结识的人、新的想法或新的环境。居家办公意味着不期而遇的幸运被日程安排所取代,而面对面交流则被在线会议所取代。[7]

但是,在当今人们的数字化能力普遍增强的时代,我们是否高估了面对面交流的优势?美国西北大学利·汤普森的观点如下:"根据我和其他人在过去几十年的研究,我相信尽管面对面交流减少了,但向远程工作的转变实际上有可能提高团队的创造力和思维水平。"[8]正如我们即将探讨的那样,一些高管团队已经开始快速学习如何在虚拟环境中不断创新。

尽管我们对于如何在虚拟环境中进行创新有了更加深入的了解,我们也更加意识到特定人群的需求。我们了解到,缺乏面对面的联系对年轻人来说尤其艰难,因为他们从一开始进入公司时便无法融入办公室团队。我们的问题是,如果没有机会亲眼观察同事并切身感受那些微妙的暗示,他们又将如何了解这份工作的内容到底是什么,公司对他们的期望是什么,以及他们需要如何表现。

高管们现在正在更加深入地思考人际网络,以及知识如何在公司内传播等问题,从中可以明显看出他们对人际关系重要性认识的提升。在本书的第二章,我们将更深入地探究人际网络,以及如何理解和塑造它。

03 现在正当时

我们集体经历的疫情创造了一个千载难逢的机会,让我们得以重新思考希望从自己的职业生涯中获得什么,以及管理者希望在组织中引导和建设哪些内容。我们有机会质疑许多基本的假设,养成新习惯,并形成关于工作的新叙事。我们从这次"解冻"中吸取了许多至关重要的经验教训。我们现在正面临着一些重要的选择——到底是退回过去的工作方式,还是利用这个机会彻底重新设计工作,并让它目标更明确、成效更显著、满意度更高?

当面对这些选择时,有一些关于目标和能力的问题值得探究。你希望通过重新设计工作来提高哪些目标?重新设计后的工作如何支撑你的价值观并提高生产力?关于能力方面,你现在需要提升哪些能力——不论是人,还是技术?

我根据自己的研究和咨询经验创建了一个设计过程,来帮助你回答这些问题。它需要经历四个步骤:理解人员、人际网络和职位;重新构想工作;对重新设计的想法进行检验;付诸实践并创造新的工作方式。

这个设计过程是至关重要的,因为根据我的经验,并没有什么"万全之策"。相反,你有机会做到以下几点:创造一种与你的独特目标和价值观相得益彰的工作方式,承认员工的能力和动机,最终提高生产力和员工的成就感,这就是你们公司的"标签"。

为了构建这种"标签",我从自己与他人的研究,以及世界各地不同公司的洞见中提炼出一些框架和观点,这些公司已经踏上了重新设计工作的旅程,并且正在快速学习如何做到这一点。

为了指导你完成这四个步骤,我在书中提供了重新设计工作指南,你可以与同事一同分享。

请登录 www.hsm-advisory.com 网站下载使用。

— 未来工作

第一章
如何重新设计工作

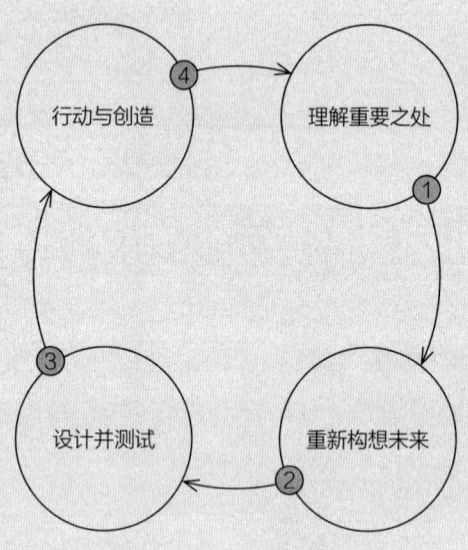

为公司的未来规划蓝图是一种独特的经历,对每个公司来说,过程都是迥然有别的。你可以通过四个设计步骤来创建独特的"标签"。

如何用最佳方式重新设计工作?我见过一些领导者和高管团队自上而下重新进行设计,也见过一些公司将这一过程完全交给基层管理者来定夺。我的经验是上述两种方式都不能令人满意,原因在于商业是一个动态复杂的系统。只有当领导者确切地知道该如何设计时,自上而下的方法才会起作用,但大多数情况下领导者并不知道。然而,让基层管理者来做决定可能会导致员工之间缺乏信任感和公平感。我们的工作方式和商业运作方式都需要进行结构性改革,你的任务是指导这种彻底的改革并构建一个重新设计工作的过程,让企业中的每个人都做好行动的准备。

为了帮助你踏上这段旅程,我制定了四步流程。这四个步骤以我的经验为基础,而我的经验来自对网络、共同创造、公平性和塑造工作的变化趋势(人口、技术和社会因素)的研究。然而,你的旅程必然不仅仅是一项研究活动,它还会给你带来真正的见解和动力。我曾通过研究获得这些见解,有时还据此给许多高管团队提供过意见。正是这种研究框架和见解的结合,得以确保设计出适合你的工作方式。

重新设计工作的四个步骤

重新设计工作的四个步骤如图 2 所示。

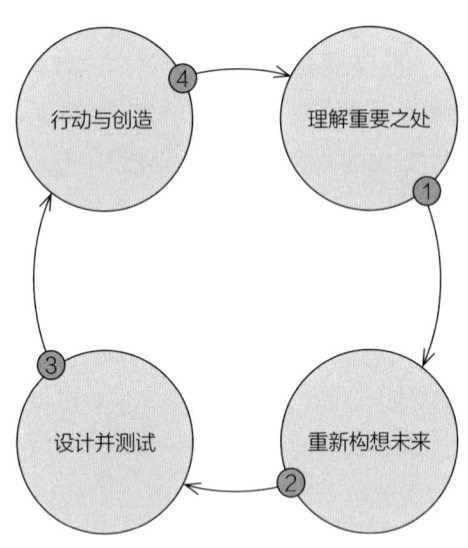

图 2　重新设计工作的四个步骤

1. 理解重要之处

哪些技能、人际关系和职位对生产力至关重要？知识是如何在企业内部和企业之间传播的？这些传播有何特征？员工想从工作中和公司身上获得什么？员工在整个职业生涯中是如何工作的？

2. 重新构想未来

在充分理解的基础上，下一步就可以开始创造最佳的工作设计。想象一下，你可以把办公室变成一个合作的场所，在那里，人们可以畅所欲言，也可以在不经意的碰面中激发创意；或者，可以把家构想成健康生活和精力的真正来源；又或者，管理者可以设想一下如何帮助员工在工作时间保持专注力和协同性。

3. 设计工作模式并进行测试

现在，我们可以评估风险因素，对照这些想法设计工作模式并进行测试了。新的模式经得起未来的检验吗？从短期、中期和长期角度来看，它是否都具有价值和意义？上述工作模式是否不仅能使正在进行的技术转型成为可能，更重要的是，还能为每个人提供必要的技术支持？整个公司的员工都能感受到这种模式的公平性和公正性吗？

4. 按照你的模式行动，从而创造新的工作方式

这一步骤需要确保工作模式能够嵌入企业的实践和文化中。要实现这一点，就需要突出领导者的职能角色，以及他们的叙述和故事，这意味着承认管理者所担任的关键角色并对他提供支持。

不仅如此，重新设计工作还需要让人们参与设计决策并走完整个变革的过程。

虽然我已经按照顺序罗列了步骤一到步骤四，但实际上这四个步骤中的任何一个都可以作为切入点。例如，有些团队可以直接从重新构想未来这一步开始，不过在推进下一步之前，必须退回去更深入地理解职位、人员和人际网络。

找到你的"标签"

这次疫情的影响之一是充分拓宽了人们对于工作方式、时间和地点的选择。我们养成了新的习惯，更为频繁地参与科技互动，同时改变了工作方式。我们拓宽了对工作场所的选择，认识到在家、在社区的咖啡馆或者在另一个国家工作都是有可能的；我们也扩大了对工作时间的选择，认识到有些人可以一周在办公室工作三天，有些人会休长假，有些人会加班，还有些人每周工作四天，而且是独自工作，不与他人联系。当选择的范围扩大时，排列组合也会随之增加。

不妨想象一下这样一幅场景：1908年，当亨利·福特制造出他的第一辆"T型车"时，他的梦想是制造一款价格合理、操作简单、耐用性高的汽车。他制造出的这款汽车是世界上第一款量产汽车，它只有一种型号和黑色这一种颜色。亨利·福特此举既考虑到新建装配线的规格限制，又满足了车主有限的期望——他们对驾驶机动车如此着迷，以至于车身颜色根本无关紧要。随着时间的推移，单一的选项变成了一系列令人眼花缭乱的选择。

装配生产线引入了模块化设计理念，因此制造商可以制造出多样化和个性化的汽车。当消费者发现自己的特殊需求能够被满足时，他们便开始进行选择。随着越来越多拥有独特设计的汽车制造商涌入市场，相应的选项和品种也日益丰富。

由于疫情的暴发，工作实践中发生的变化也与上述情景如出一辙。到目前为止，我们的工作设计可能只能类比为福特"T型车"——员工从早上9点到下午5点在办公室工作，工作场所和时间都受到限制。一些高管团队在疫情前正致力于推动工作场所和时间灵活性的提升。但坦率来讲，这些操作充其量只是小修小补，本质上仍然类似福特"T型车"——只是涂了一层不同颜色的漆，或者采用了一些时髦的内饰而已——极少有公司从根本上重新进行设计。

就像一个世纪前的汽车制造业一样，我们正处于更加多样化的阶段。疫情的冲击给许多公司带来了动力和干劲，让它们重新审视自身价值观和目标，质疑长期以来的假设是否仍然成立，并尝试运用因封控而发展起来的非凡能力。

面对这些选择，不同公司的高管团队开始以前所未有的方式构思各自的前进道路。他们开始想象如何打造公司的"标签"，即独特或具有鲜明特征的工作方式，这种工作方式可以吸引并留住人才，提高生产力并有效支持创新。打造这种"标签"是如今每个公司面临的任务、挑战和机遇。

组建设计团队

当你着手运用这套流程来重新设计工作时,这是一个好时机——你可以问问自己,谁会为你所付出的努力提供支持。正如你即将从本书分享的案例中观察到的,许多设计团队由职责不同的小组组成,这些职能包括员工体验、传播能力、技术、人力资源和商业战略。那么现在是向别人寻求帮助的时刻吗?

如前言所述,我编写了一本重新设计工作的手册,大家可以登录网站 www.hsm-advisory.com 查看,那里还有其他资源可以提供支持。

当你阅读本书时,你会发现四个设计步骤遵循着同一个逻辑,这个逻辑将贯穿从理解公司到付诸行动的整个过程。在此期间,我整理了那些与你一样亲自参与设计过程的公司所收获的洞见。你会发现世界各地的高管不约而同都在思考重新设计工作——这就是为什么你会在书中看到来自不同国家的许多企业,这些国家包括澳大利亚、加拿大、中国、印度、日本、瑞典、美国和英国。你会发现这些企业在设计中遇到的问题普遍存在于各个行业——我们将特别听取来自保险、零售、银行、电信、建筑设计、消费品和科技等行业的公司,以及澳大利亚新南威尔士州公共服务委员会等组织的意见。对于我所引用的每一个观点,你都会看到一系列"值得反思的问题"。这为你和团队成员提供了一个机会,让大家回过头去思考,反思可以从这家公司中学到什么,以及可以把哪些经验教训融入自己的设计思路中。

我用一系列框架来描述这些企业的观点。这些是我在教授或建议公司如何重新设计工作时，在思考和实践中使用的方法。大部分时间我都在做研究——与相同机构的同事或其他学术机构的同行密切合作，搭建模型，帮助学员和高管客户们理解这个世界。我希望这些框架也能帮助你们了解自己，并共同构想未来工作方式的可能性。

那么，现在就让我们开始吧。

—— 未来工作

第二章
理解重要之处

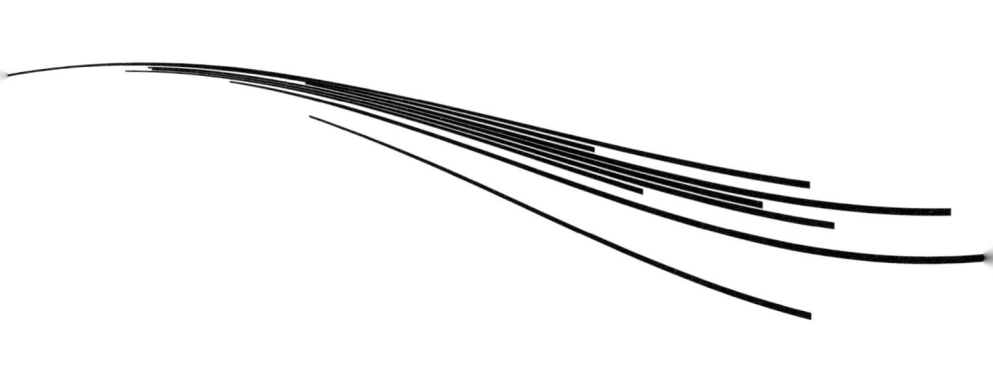

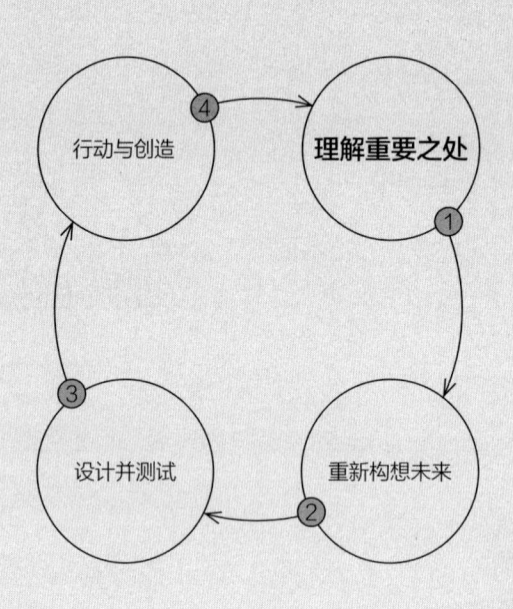

```
        ④
   行动与创造 ───→ **理解重要之处**
       ↑                    │
       │                    │ ①
       │ ③                  ↓
   设计并测试 ←─── 重新构想未来
                  ②
```

设计过程始于对公司岗位职责和生产能力，人员及其需求、经验、人际网络以及知识传播方式的深刻理解。如果没有这种深刻的理解，现在设计出的许多新流程可能会在几年后被视为一时的热度，要么被雪藏，要么被抛弃。如果在接下来的几年里，你的工作设计在不经意间影响了员工们的绩效，干扰了知识在公司人际网络中传播的自然渠道，或者激怒了员工，让他们觉得自己遭受了不公平的待遇而与公司"离心离德"，那么你的工作设计就会成为牺牲品。这就是为什么重新对工作进行设计时，你必须清楚地知道哪些要素可以提高生产力，人际网络是如何推动知识传播的，人们的需求是什么以及会被什么吸引。

为了深入理解公司的运作方式，你需要通过若干框架和企业的洞见来研究四个主题，这四个主题将指导你和同事们思考现实。对于每个主题，我将分享一些行动要点，支持你将重新设计工作的理念付诸行动。

01 理解有助于提高生产力的行为和能力

——框架：影响生产力的四个要素
——行动清单 1

02 理解知识如何传播以及人际网络如何建立

——框架：人际网络和强弱关系对知识传播的影响
——行动清单 2

03 理解人们想从工作和公司中获得什么

——框架：才能高低和对灵活性的期望
——行动清单 3

04 理解工作体验

——洞见：汇丰银行的例子
——行动清单 4

理解有助于提高生产力的行为和能力

判断你的工作模式能否最终成功的主要标准之一，就是看它是否提高了生产力。工作模式不需要对生产力产生即刻的积极影响。事实上，在我所研究的公司中，人们通常认为每当引入一种全新的工作方式时，都会有一段尝试期，在这段时间里，员工们学习新方式并改进旧模式会导致生产力下降。电信业务提供商英国电信公司在首次提出居家办公时就出现了上述情况。然而，这个尝试阶段是有限的，随着时间的推移，高管们会逐渐质疑这些新的工作方式能否让员工提高工作效率。为了在重新设计工作时确保成功，你需要了解如何才能最大程度地利用那些有助于提高生产力的行为和能力。

这并不简单，部分原因是，除非你在最小的企业，否则一个组织内部的工作类型繁多，而且彼此之间往往有很大的不同。那么，针对这种多样化的环境，你该如何重新设计工作呢？当你进入设计过程的第三步——设计工作模式并测试时，你将有机会整体把握工作涉及的范围，考量其中的公平性问题。当前，我们的重点是"理解"，理解工作的一种方法是在广泛的类别中对它加以考量，我们通常称这些类别为"职位族"。同一类职位的工作有共同之处，比如它可能是呼叫中心的工作，又或者是面向客户的工作，再或者是与管理人员有关的工作。当我们仔细研究公司如何重新设计工作时，你将会看到这种多样性。

首先来看看公司中的职位族。我们先选出三个职位族，从中思考多样性和相似性。然后，对于每个职位族，选定一项工作并深入了解。要做到这一点，就需要查看这个工作的所有职责要求。一旦你明确了岗位职责是什么，你就能设身处地去思考如何支持人们高效地完成工作任务。

为了充分理解这一点，请你先看看自己的工作。你每天或每周完成的任务是什么？一项相对复杂的工作会涉及大约30项任务。以我自己的工作为例（有时候我在伦敦商学院兼职教授），一项任务是给MBA学员上90分钟的课，另一项任务是与高管们一起进行60分钟的讨论。我还负责批改学员们的答卷、采访高管们的日常工作并编入案例、撰写学术文章、准备出版书籍、与赞助商见面沟通合作意向等。和很多人一样，我也有诸多提高效率的方法。

影响生产力的四个要素

拆解工作任务有助于了解哪些要素应该被优先考量。

在研究过程中,我发现虽然每种工作都能进行任务拆解,但大多数工作围绕着四个要素展开——精力、专注力、协同性、合作性(见图3)。对于每个要素,我都列出了与生产力相关的积极行为和消极行为。

	精力	专注力	协同性	合作性
(+)	热情 活力	方向 专注	目标导向 高效	参与 分享
(−)	疲惫 冷漠	注意力分散 碎片化	存在分歧 杂乱	反抗 筒仓结构

图3 框架:影响生产力的四个要素

精力 许多工作要求人们在与他人打交道时充满活力和朝气,比如在有明确截止日期的项目中,或者在需要高度集中精力和注意力的会议中,保持团队活力就显得至关重要。当人们缺乏这种能量时,就会感到疲倦,而且很难在截止日期前完成任务。

专注力 有些工作需要保持高度专注。这些任务可能包括撰写报告、查看研究性的采访记录或者检查电子表格上的数据,它们归根到底都是需要集中注意力的。当人们出现分心或者试图同时处理多项任务时,注意力就会分散,完成这些任务的能力相应就会下降。重要的是，完成这些任务需要高阶认知能力。而且我们还会发现，执行这些任务需要像神经科学家所说的那样，"让大脑好好休息"。

协同性　虽然专注力本质上是独自进行的，但你和同事推进的许多任务都是通过与他人的有效协同来完成的。这些任务包括与其他人一起检查、获得即时反馈、研究项目的进展情况并确定问题所在等。当协同顺畅时，人们会配合顺利，专注于一个共同的目标，即以目标为导向且高效。当协同失败时，团队很快就会分裂和脱节，项目开始陷入困境。

合作性　在完成任务的过程中，人们一起工作，思考出新的想法和解决之策，他们乐于参与其中并分享彼此的想法。这些合作任务可能包括一个多职能团队正在向新客户进行宣传，或者为了开发新产品正在集思广益。当人们以合作的方式聚集到一起时，智慧的合力是强大的。不同的观点和知识碰撞时，就有可能创造出超越个人能力的任何事物，这就是真正的创造性和创新性。然而，当合作失败时，人们开始失去对彼此的信任，团体就会变得孤立。

当你开始理解这一步骤时，请与你的设计团队一起完成行动清单1的要点。

行动清单 1
有助于提高生产力的行为和能力

◎ 首先，可以在你所在的企业中选择至少三个职位族来加深理解。这些职位族需要能够代表你所在企业的广泛职业分类。

◎ 然后，思考每一个职位族并仔细观察这个类别的主要职责。你需要从中选出四五个对高效工作来说至关重要的职责。

◎ 最后，仔细查看影响生产力的四个要素（精力、专注力、协同性、合作性），针对每一项职责选出最重要的要素。

理解知识如何传播以及人际网络如何建立

前面对工作任务和生产力相关要素的描述假设了一个几乎静态的过程，本质上还是关于员工个人的。但在现实中，员工和他们所推进的任务和工作是嵌入人际网络中的。知识、观点和创新力正是通过这种联系而传播的。从这次疫情中我们获得的一个重要经验就是，这些经常被忽视的人际关系对组织的健康和活力至关重要。

理解人际网络和知识的传播是非常重要的，因为任何工作的重新设计都可能在不经意间破坏这种传播。毫无疑问，这种对人际网络和知识传播的潜在破坏性，正是重新设计工作中两大问题的核心所在：年轻人的社会化和人们在工作场所不期而遇的可能性。令人担忧的是，如果年轻员工居家办公，他们就无法在工作过程中向富有经验的员工学习，也无法与他们建立联系。同样令人担忧的是，人们在"茶水间"闲聊和偶然相遇的机会也会减少。这些担忧是真实且合理的，因此，在做出对工作进行重新设计的决策之前，你需要对当前的人际网络和知识传播结构有全面的了解，并思考重新设计的工作模式将如何改变人际网络和知识传播的方式。

隐性知识和显性知识的重要性

并非所有的知识都是一样的。有些知识是明确且客观的，比如说明书、网站、手册是很容易记录和获取的，并且可以在企业中轻松传播。在实施虚拟化办公的企业中，大部分工作设计是为了将知识尽可能明确下来。这有利于新加入的员工和团队成员快速了解项目的运作方式和同事们已掌握的技能。

然而，公司内部许多富有价值的知识是隐性的，比如洞察力、技术诀窍、框架模型，这些都存在于个人的意识中，是他们如何看待世界以及与世界互动的方式。正是因为这些知识存在于个人的意识中，要表达和编辑这种隐性知识比显性知识困难许多。事实上，有一种观点认为，只有当你了解对方并相互信任时，你才能真正获得对方的隐性知识。因此，虽然显性知识也存在于说明书和网站之外，但隐性知识基本上只蕴藏在人际关系中。如果人际关系的性质、范围或深度被重新设计并加以改变,那么令人担心的是,有价值的知识将会遭受破坏。[1]因此,在你正在研究的工作中,请考虑哪些知识对该工作的生产力至关重要,这当中有多少是新手容易学到的显性知识,又有多少是隐性知识。如果你设计的工作模式需要更多的虚拟工作,那么你需要考虑在知识获取过程中投入更多,进而创造更多的显性知识。

强关系

在疫情初期,工作模式的变化,特别是居家办公显然影响了人际关系的发展和人际网络的维系。我们很快发现,人们更愿意花时间和熟悉的人在一起。通常,这些不断加强的联系对积极的价值感和心理健康至关重要。在艰难的状况下,人们能够从最亲近的人那里获得安慰。但与此同时,人们与联系不够紧密的同事、伙伴和相对疏远的朋友之间的关系开始遭到破坏。以下是我在 2020 年中期的日记中记录的两位经理的评论,当时许多人已经在家隔离了 6 个月。

一位经理称:"一些居家办公的员工感到非常孤独。如果他们天生性格外向,这确实会影响他们的幸福感和身心健康。"另一位经理表示:"目前,我真正担心的是人际关系方面的压力。人们对身边的人越来越依赖,坦率地讲,在过去的几个月里,这是许多人的救命稻草。那些曾经在茶水间上演的不期而遇又如何了呢?当每个人都在家工作的时候,你是不可能有机会偶遇别人的。"

一切几乎都隐藏在表面之下。我们中的大多数人没有系统地跟进过自己的人际网络的变化，也极少会有公司收集关于企业知识传播的数据。然而，显而易见，如果你的公司重新设计了工作方式，改变了工作地点和时间，例如居家办公或者修改日程安排，那么这将不可避免地影响人际网络。因为工作的重新设计将对人际网络产生重大影响，哪怕人们常常忽略这些影响。这就是为什么理解人们的工作方式以及重新设计工作如此重要。在图 4 中，我阐述了这一框架的核心概念。[2]

这一框架的基本概念是关系，即将一个人与另一个人联结起来的人际关系（网络中的每个人都用一个节点来表示）。这些关系从强变到弱。

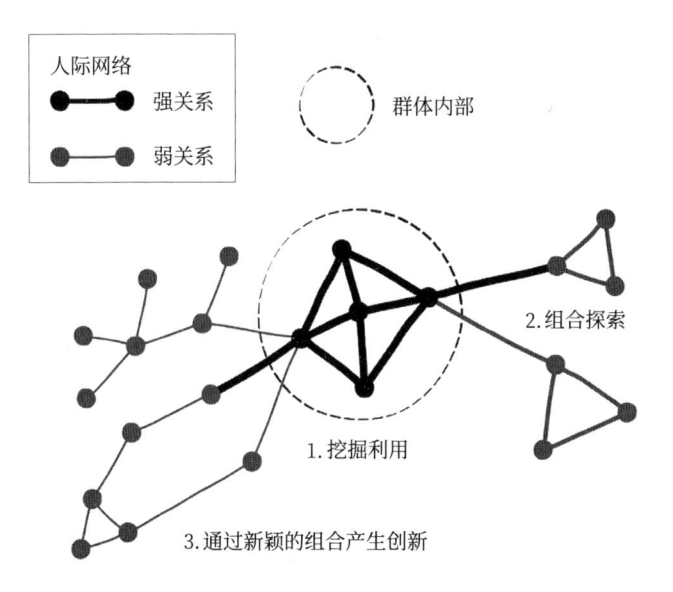

图 4　框架：人际网络和强弱关系对知识传播的影响

我们中的大多数人拥有的强关系相对较少，那些与我们处在紧密关系中的人都是我们熟悉和信任的人，以及我们可以向他们寻求帮助和支持的人。在这些关系中通常有一种平衡的互惠感——人们乐于给予，但如果一个人索取多于给予，那么随着时间的推移，这种关系就会开始退化。与你关系紧密的人是那些了解、理解并且能够与你共情的人（在图4中，黑色线条代表强关系）。事实证明，就重新设计工作而言，邻近性是形成强关系的重要驱动力。你在会议中坐在谁旁边，以及在走廊上可能遇到谁，对这些强关系的形成都有着深刻影响。

这种亲密感的强大驱动力贯穿我们的一生。以大学阶段的友谊为例，你可能会和很多同学建立长久的关系。然而，追踪这些关系的研究人员发现，最亲密、最持久的友谊很可能是在你与相邻宿舍的同学之间建立起来的。事实上，在一系列的研究中，研究人员能够计算出友谊亲密度和宿舍距离之间的直接关系：宿舍越近，同学之间建立长久关系的可能性就越大。[3]

在办公室的设计中，邻近性是一个非常重要的考量因素。例如，如果所有的营销团队挨着坐，人们就能更好地了解彼此，但他们往往无法与位于不同楼层的其他团队建立关系，即使这些团队就在走廊的对面。对于奥雅纳的设计团队来说，利用邻近的优势非常关键。该集团拥有超过1.5万名专家，在140个国家都有运营项目。奥雅纳墨尔本办公室的负责人乔·科伦萨告诉我：

对我们来说，能从各个学科中获取灵感至关重要。我们办公室里有工程师、设计师、规划师、技术专家和顾问。我们希望他们能够互相交流，彼此交换意见。为此，每隔一个季度，我们就让不同的团队轮换一下岗位。

这些强有力的人际网络，对于挖掘团队单个成员（位于人际网络的中心）的知识非常重要。因为彼此了解、信任，所以他们更有可能分享彼此的隐性知识。然而，尽管拥有强关系的人际网络在揭示隐性知识方面表现出色，但创造新观点的能力却比较有限。原因是什么呢？因为人们在谈论他们已经了解的内容，他们对彼此的想法知根知底，这意味着他们不太可能会提出全新的概念。

弱关系

关系的另一端是弱关系（在图 4 中，灰色线条代表弱关系），代表了与你有关联的数百人之间的联系。弱关系是你很少接触并且情感上没有依恋的泛泛之交。你对他们有些许了解，例如，他们可能会回复你发送的电子邮件，但你对他们的兴趣或家庭知之甚少。因为维护这样的弱关系所需要的时间和资源更少，所以弱关系比强关系更多。事实上，你在社交媒体上可能有数百个甚至数千个弱关系。但是你花在这些庞大但薄弱的人际网络上的时间，可能比维持为数不多的强关系的时间更少。

弱关系的价值在于数量，也就是说，弱关系之所以有价值，正是因为数量非常庞大。这个观点在斯坦福大学社会学家马克·格兰诺维特开展的一项关于人际网络的经典研究中得到了证实，这位社会学家研究的主题是人们找到新工作的方式。[4]（顺便提一下，这项研究早在领英、怪物求职等在线求职平台蓬勃发展之前就开始了，这些平台能够创造数千个潜在的职业联系。）他发现，当一个人在寻找新工作时，只有在很少的情况下是由熟悉的人推荐的职位，更多时候有可能是朋友的朋友向他伸出橄榄枝。马克发现，在彼此非常了解的人中存在着很多重叠的知识。所以，如果你的一位好朋友听说了一个职位空缺，很可能由于你们有着重叠的人际网络，你也会知道这个信息，并将信息传递给另一位正在寻找新工作的朋友。正是通过朋友的朋友这种弱关系，信息才得以传播，也正是在弱关系中，灵感才会经常出现。

在图 4 所示的人际网络中，你会注意到群体内部的成员与其他组的成员有着强关系。这些将截然不同的人际网络连接在一起的成员被称为"边界跨越者"。当两个不同的人际网络中的成员很少有交集时，就会产生社会学家罗纳德·伯特所说的知识领域中的"结构洞"[5]。边界跨越者不但可以将两个完全不同的知识领域结合在一起，也可以由此带来全新的探索可能。边界跨越者所处的立场使其能够将两个群体的资源和利益进行整合，并鼓励人们质疑他们熟悉的工作方式。当你重新设计工作时，值得思考的问题是：在你自己的组织中，谁有可能是边界跨越者？重新设计工作是让边界跨越者与他人建立了自然联系的渠道，还是在无意中阻断了这些重要的渠道？

拥有众多弱关系可以提供激动人心的机会，让人们能够超越自己直接接触的范围，踏入更广泛的群体。这一点非常重要，因为它提供了创新的契机并通过新颖的人际网络组合带来创新。

然而，疫情防控期间这些新颖的组合可能带来的影响是企业最关心的问题之一。许多评论者谈及同事在茶水间偶遇的情况。他们逐渐意识到，办公室不仅可以是亲近的同事交流的地方，也能制造偶然的相遇。一种更深层次的担忧由此出现：当人们居家办公时，这种偶遇及其激发的创造力火花将会被大大削弱。这是一个在重新设计工作时需要考虑的重要因素，突出了办公时间的重要性。因为在办公室里度过的时间既能制造亲密感，又能通过不期而遇激发灵感。

技术对人际网络的影响

在结束对人际网络和知识传播的分析之前，我们应该考虑到技术的影响。毫无疑问，这次疫情的显著特征之一是人们运用诸如视频会议 Zoom 和微软协作软件 Microsoft Teams 等技术的速度之快，以及这些技术所能提供的低成本且高可靠性服务的能力之强。我们逐渐意识到，这些技术可以在改变人际网络形成方式和知识传播方式上发挥至关重要的作用。

当我们处于强人际关系中，面对那些熟悉和信任的人，我们会自然而然地转换成视频会议的交流方式。但是当我们处在不太熟悉的人际关系中该怎么办呢？在第五章，我将观察瑞典爱立信这样的科技公司是如何利用在线平台在三天之内组织数千人之间的对话的。这些虚拟对话能否成为建立全新的人际网络的基础——这种人际网络或许仍然薄弱，但也许能随着人们继续参加视频会议而得到强化呢？

虚拟联系和面对面沟通能相提并论吗？虚拟联系能成为激发

灵感的基础吗？坦率来讲，我们对此尚不确定。当然，在疫情防控期间，我与之前素不相识的人有过数次相当不错的偶遇。在与他们视频对话取得联系之后，我觉得自己已经更了解他们了。

我们仍要牢记，未来一定会涌现大量关于人与人沟通联系的创新之举。虚拟现实和增强现实技术在构建和支撑人际网络方面的可能性已经让人兴奋不已。以普华永道会计师事务所为例，它是欧洲企业招聘毕业生的主力之一。2020年秋季，数万名应届毕业生入职该公司。在过去的几年里，如果他们能够进行面对面沟通，肯定能为建立人际网络创造良好的机会，其中一些人际网络甚至可能会维持数十年之久。但在疫情开始的那一年，大多数新入职的员工甚至从未去过普华永道的办公室。对于这些新员工来说，这可能是一场灾难，但正如普华永道欧洲人力资源主管彼得·布朗向我解释的，该公司进行了几项重大的技术投资，足以改变就职过程的游戏规则，其中最重要的技术投资是虚拟现实平台。虚拟现实平台创造了一个虚拟的空间，新加入的员工可以在虚拟的会议场地周围走动，制造不经意的相遇，倾听普华永道高级员工的演讲，甚至可以进行虚拟的快艇之旅。在彼得看来，这种经验虽然与一般就职方式中所获得的不同，但也依然奏效。来自毕业生的反馈即使不比以往的情况更好，至少也维持在同样水平。当彼得和同事们开始重新设计工作时，他们的设计思维便得到了疫情防控期间使用技术来构建虚拟人际网络的相关经验的加持。

思考当前业务中的人际网络和知识传播方式时，需要组织人员讨论行动清单2中所列出的要点。

行动清单 2
理解知识如何传播以及人际网络如何建立

◎ 以你在行动清单 1 中所考察的三个职位族为例，用图 4 所示人际网络框架为模板，起草你所认为的疫情前作为这些职位核心的人际网络和知识传播方式。人们主要是处在联系紧密的人际网络中吗？是否有人跨越了界限从而延伸到其他群体中？这些人是否与公司内外的许多人都存在着普遍的弱关系？

◎ 考虑当前企业的现实情况，需要思考这些人际网络和知识传播目前是怎样进行的。弱关系和强关系之间是否发生了转变？如果的确发生了转变，这对隐性知识传播的方式和新颖知识组合的可能性产生了怎样的影响？

◎ 考虑诸如视频会议或虚拟平台之类的技术对这些人际网络的形成和维护有何影响。它们以怎样的方式取代了面对面沟通？潜在的挑战和优点又是什么？

理解人们想从工作和公司中获得什么

我的博士论文研究内容是关于马斯洛需要层次论的。我着迷的是背景和经历如何塑造了我们的需求和欲望。[6] 这项研究早早给我上了一课，让我认识到人并不都是相同的，在人生的不同阶段，人们的需求和欲望会发生变化。从重新设计工作的角度来看，着眼于员工的需求是很有意义的。一个群体可能拥有相似的需求，你可以通过员工调查或焦点小组的数据了解需求。员工的需求是一系列因素的综合结果，和一个人当前的生命周期、年龄、背景、经历、个性等因素相关。虽然员工调查的结果可能有用，但我更倾向于从员工画像开始来为这些数据注入活力，我们可以为这个员工角色构思令人信服的故事，讲述成为这个员工的"感受"是什么。稍后我将介绍其中的两个人物角色。

然而，尽管你只能看到人们现在需要什么，但可以想象他们未来的需求和期望。因为在重新设计工作时，我们的目标是创造一种对现在和未来都有效且有益的工作方式，所以这一点非常重要。若想如此，你需要对未来几年人们普遍想从工作中获得什么有自己的观点。此外，还要真正思考这一切对于组织和个人之间的"交换"意味着什么。

人们现在的需求是什么？创建员工画像有助于企业洞察

每个人都是不一样的，大家的需求、期望和工作方式各有不同。员工画像是理解人们不同需求的一种简化的方法。员工画像是一种虚构的个人描述，它捕捉了人口特征、处境、需求和期望等要素中的一个或多个方面。从某种意义上说，员工画像是调查数据的图像化表达。在课堂教学时，我会通过人物画像来帮助学员思考棘手的问题。例如，当研究劳动年龄人口老龄化的问题时，会构思三个年龄分别为 25 岁、40 岁和 65 岁的人物画像。我要求学员思考每一种人物想要从工作中获得什么，以及组织将如何支持他们。几乎全体学员（二三十岁的人）都会看着这个 65 岁老人的画像，绞尽脑汁思考公司该如何给他们提供支持。可以说，学员们通过"深入了解"这个角色，可以更深刻地理解年长者的处境。

员工画像的优势在于，我们的大脑通常会发现讲故事比统计数据更容易理解。不妨试着建构一个人物角色——我们称他为罗杰，他 65 岁，担心自己的养老金是否够用，这比拿到一页又一页 65 岁老人的人口统计数据，从中了解他们的愿望清单、储蓄情况、健康状况等要容易许多。

由于员工画像覆盖工作岗位的方方面面，所以当创建了四五个员工画像时，就足以让你的团队理解这些职位族中员工的大致需求。我发现将这些员工画像呈现给管理者，并与管理者探讨新的工作方式是非常奏效的。管理者可以接着与同行讨论并听取他们是如何看待这些人物角色的。正如你将在行动清单 3 中看到的，我建议构建大量的人物角色，让这些人物角色成为重新设计工作时的叙事框架，并将此作为整个设计步骤的一部分。

为了思考居家办公的影响，我构建了两个人物——胡里奥和曼迪，他们都在一家总部位于芝加哥的跨国公司担任战略规划师，在疫情防控期间都居家办公。

胡里奥是一个热爱生活的人。他和十几岁的孩子们住在芝加哥郊区的大别墅里。在疫情暴发之前，他在办公室工作的时间很长，再加上通勤时间需要 90 分钟，这意味着他从早上 6:30 一直到晚上 9∶00 很少在家。我们可以想象胡里奥居家期间如何沉浸在晚点起床、白天遛狗、陪伴孩子们的油然而生的幸福感中。他觉得自己比几年前更健康了。虽然他也想念办公室里的同事们，但他已经在这家公司工作了十多年，所以，从人际网络的角度来讲，他已经与自己的团队建立了强关系，与公司其他部门的人也建立了诸多弱关系。当回顾自己的经历时，他认为自己的状态更健康，压力更小，甚至可能更加高效。当然，他并不觉得自己的生产能力下降了。胡里奥在考虑未来几年的工作方式时，很想继续居家办公，至少在部分时间如此。事实上，胡里奥已经和合伙人探讨过这个问题，他们一致认为，如果他不能选择居家办公，即使降薪也要跳槽到其他允许居家办公的公司。

曼迪是胡里奥的同事。她不到 30 岁，刚结束 MBA 项目，在这家公司工作了一年。搬到芝加哥后，她和两个室友合租了一套拥有三居室和一小块公共空间的公寓。在 2018 年到 2019 年间，大家相安无事。室友的工作时间和她接近，除了在周日共进早午餐外，他们很少碰面。曼迪的公寓离办公室很近，步行 15 分钟就能到达，她还可以在上班前去一趟健身房，下班后也能轻松地和朋友们喝一杯。回想起来，她在居家期间的经历与胡里奥截然不同。刚开始居家封控的那几周，公寓里的紧张气氛开始升温，这是因为三位室友都试图在家中共用一个无线网工作，其中一个室友被戏称为"数据鲸"，她经常为供职的公关公司下载大量的视觉项目数据。更糟糕的是，在疫情暴发的一个月内，她的一位室友失业了，这位室友的焦虑情绪让所有人心烦意乱。

到了 2020 年 4 月，曼迪就只能在她的小卧室里，用一把餐椅搭出临时桌子工作，而且她非常怀念办公室里的轻松氛围和同事情谊——和大家聊天、听故事、喝咖啡……

还有更多的事情令她担忧。作为一名新员工，她喜欢与办公室的同事们待在一起。她尤其喜欢观察胡里奥和同事们讨论公司战略。她从胡里奥呈现出的新数据中学到了很多，基于这些数据，胡里奥开始改变其他人看待他们所面临的战略挑战的方式。借用音乐剧《汉密尔顿》中的名言，她喜欢"待在决策诞生的房间"。曼迪正处于职业发展的"观察"阶段，她对各种线索非常敏感，会认真倾听人们语气的变化，仔细观察人们之间是如何互动的。她开始对这个行业逐渐有了自己的看法。

曼迪虽然是虚构的人物，但她的情况是普遍存在的。这就是为什么当你考虑重新设计工作的挑战时，必须将曼迪这样的年轻人纳入考量。如果在重新设计工作时，公司决定战略规划小组将居家办公，这对曼迪来说意味着什么？对她来说，像胡里奥一样，重新设计工作将是她决定去留的关键因素。现在来看，虽然她偶尔很高兴居家办公，但她还是计划办公室办公。

像胡里奥和曼迪这样的个例的增加将是重新设计工作的关键，正是他们的希望描绘出人们想要的是什么。当然，这也表明了即使身处同一种工作岗位，不同的人也可能青睐不同的工作方式。并且，正如我们将在下一章中看到的，在设计工作时，既要承认个人需求，又要强调组织创造高绩效文化的必要性，这一点显得尤为重要。

你可以通过倾听和调查员工的偏好来了解他们的需求。你还可以将他们聚集在一起进行线上对话，讨论他们如何看待完善工作中的共同创造这一过程，这一点我们将在第五章中详细讨论。

未来人们的需求是什么？

公司内部和员工中会存在一系列不同的性格特征和个体情况，这将影响人们对工作的期望，所以倾听并承认个体差异是非常重要的。然而，为未来设计也至关重要，如果要想重新设计工作，你需要用更开阔的视角去思考未来几年加速发展的大趋势，这些趋势将塑造人们的愿望和需求。上述趋势与寿命、社会状况和自动化技术相关，它们势必将塑造人们当下想要什么，但更为重要的是塑造人们未来可能想要什么。

保持健康的身体

当人们选择工作场所和工作方式时，会考虑的一个重要因素是这份工作是否有助于保持健康。如果预期在这里工作可以保持健康，他们就更有可能入职。但如果他们认为在公司工作对健康不利，就更有可能会离职。

我们可以这样想，在19世纪50年代工业化起步之时，人们的平均寿命是45岁。诚然，这是一个较低的平均数字，因为其中很大一部分人口早早就夭折了，但关键是当人们的寿命本身较短的时候，大家预期自己只会工作30年。现在，当我们立足当下展望未来，会发现不管是你，还是你的孩子或同事，要活到100岁并非不可能。

我和经济学家安德鲁·斯科特合著了《百岁人生：长寿时代的生活和工作》一书，不足为奇的是，许多读者对人类在长寿方面取得的巨大进步感到震惊。总的来说，世界上许多国家的预期寿命每十年会增加两岁，这是更健康的生活方式与医疗保健相结合的结果。我们阐述的基本事实是，百岁人生在我们的孩子身上可能成为现实，甚至在我们身上也可能实现。寿命增长肯定会对人们的工作产生深远影响。

其中一个主要影响是财务上的变化。如果员工寿命更长，他们就会想要（也需要）工作更长时间。这是一个简单的事实，因为除非你从开始工作的第一天起就把15%左右的收入存起来，否则就不太可能积累足够的资源支持你在65岁退休。在这几十年里，你越来越不可能指望政府养老基金提供任何有意义的支持。所以，现实是许多人逐渐意识到在70多岁甚至更年长的岁月里，拥有一份有报酬的工作是需要优先考虑的事项。

这种新的生活节奏将不可避免地塑造人们对工作的期望。如果你相信自己可以活到90多岁甚至更久，那么就会更加关心自己的健康。没有人想活到90岁但却经历10年甚至20年的病痛，而我们想要的是健康地迈过80岁大关。要做到这一点，人们需要从成年开始就养成并保持健康的生活和工作习惯。这些健康的生活习惯可能是什么呢？我曾询问那些长寿的人，他们对于保持健康长寿有何妙招。他们的回答非常相似：每天运动，饮食健康，每晚睡足8小时，就这么简单。那些对快乐长寿兴趣盎然的人也告诉我要多花时间在朋友、家人和社区活动上。

这些对于重新设计工作意味着什么？面对如何工作和何时工

作的多种选择，许多人会选择有助于保持健康的工作。这意味着在时间安排上拥有足够多的自主权，每晚可以睡够 8 小时；这也意味着工作时间可预测性高，这样他们就可以计划陪伴家人和朋友，而不必经常取消约定好的事情。

平衡工作与家庭生活

随着工作地点逐渐涵盖公共空间（办公室）和私人空间（家），人际关系和家庭在工作选择中变得越来越关键。每当做出相关决定时，人们更倾向于考虑另一位家庭成员的工作需求。

观察家庭结构变化的速度是一件令人着迷的事。[7] 当今时代，大多数国家的女性都在职场中打拼。这与像我这样生于 20 世纪 50 年代的人的家庭生活形成了鲜明对比，我的母亲全职照顾家庭，父亲在职工作。这种情况在 20 世纪 70 年代发生了变化，当时大多数女性开始进入职场。一般来说，她们比自己的母亲所受教育程度更高，而且可能有洗衣机和冰箱等辅助设备，这就大大减少了她们从事家务劳动的时间。然而，在第一波浪潮中，职业女性一旦成为母亲，往往就会从全职转为兼职。即使她们回到全职的工作岗位中，收入也可能下降，而实际上她们的收入很少能赶上男性同行。这就不可避免地强化了家庭中的准则，即男性的工作和他的工作需求处于优先地位。

随着越来越多的女性创立自己的事业，这些准则开始发生变化，而且由于立法在内的诸多原因，她们获得了与男性相似的报酬。此外，由于这些女性生育年龄较晚（35 岁左右而非 25 岁左右），子女较少（2个而非4个），她们正在构建与男性在晋升速度和薪酬方面相同的职业道路。随着时间的推移，夫妻从"男性发展事业／女性在家"演变为"男性发展事业／女性工作"，再到"男性发展事业／女性发展事业"或"男性在家／女性发展事业"。事实上，到2019年，"双方发展事业"已经成为一种社会现象，各类图书和文章都对这种现象有所描述，并引发了热烈的讨论。[8]

与此同时，家庭结构也变得更加多样化：单身母亲和单身父亲独立抚养孩子；男性通过代孕拥有后代；女性使用捐精者提供的精子受孕；50多岁的人离婚，其中有些人再婚，形成了有一群继子女的细长型家庭；在五代同堂的家庭中，有些人的祖父母仍健在，有些人成年后的大部分时间是单身。

这对工作的重新设计意味着什么？非常重要的一点是不要对员工的个人生活做出假设：父亲可能和母亲一样对育儿和育儿假感兴趣，也并不是每个成年人都有孩子或想要孩子。例如，一家跨国公司发现，其60%以上的员工单身，他们要么独自生活，要么与父母住在一起。这意味着公司要将包容性和多样性放在首位，确保无论每位员工的个人情况如何，工作规范和工作实践都具有公平性和公正性。

学习（比机器学得快）

疫情防控期间居家办公的结果之一是加速了一种已经出现的趋势，即工作自动化和学习、规划等过程的数字化。展望未来，技术对工作的影响将继续深化，对于大多数员工来说，他们需要面对的现实是部分工作（某些是重要的部分）将被自动化技术取代。这两种趋势都是焦虑的巨大来源，他们会担忧自己究竟是丢掉工作还是降薪降职。同时，这两种趋势也是动力，他们会意识到自己需要重新学习或提升技能以保持竞争力。

毫无疑问，当重新设计工作时，技术将创造出许多需要做出思考的选择。你可能会像普华永道招聘员工一样，探索虚拟现实和增强现实技术，试图重现不期而遇带来的神奇力量；也可能会使用日程安排来减少无休止的会议所带来的潜在烦恼；还可能会运用诸如数据分析等工具来协调团队工作时间和工作地点，并创建反馈闭环。

所有这些正在发生改变的工作习惯一定会加速工作的自动化。疫情已促使一些公司在自动化上投入空前力度，因为这些公司发现客户更愿意与聊天机器人互动，尤其是在机器人服务顺畅且高效的情况下。随着员工从办公室转移到家中办公，老板们发现在许多情况下员工的生产力可以保持不变。

当然，工作的自动化以及机器人或人工智能取代人工并非不可能。早在2015年，经济学家就预测了工作的大规模变化，因为许多任务可以由机器以更低的成本和更可预测的方式完成。诸如出租车司机这样的职业，将随着自动驾驶汽车成功上路而发生变化，而像会计这样的职业，也将随着人工智能程序取代更多的常规工作而改变。事实上，据测算，大多数人工作中60%的任务可以并将会被自动化替代。[9]

对于脸书的首席执行官马克·扎克伯格这样的高管来说，虚拟连接能力为脸书在远离其公司总部的地点招聘工程师等关键员工提供了机会。传统意义上不被视为人才库的地方，势必会相应地启动人才库的建设。其他首席执行官也提出过相似的问题：如果一项工作目前可以在生活成本高的城市通过线上完成，难道就不能在生活成本低的城市雇员工居家完成吗？这与20世纪90年代把呼叫中心的工作从高成本国家转移到低成本国家的情况类似，当时一些公司将这类工作转移到海外。知识类工作可能会遵循同样的趋势，这样的趋势肯定会给高成本国家的员工带来更大的压力，这就要求他们提升技能，从而胜任更高价值的工作。

这对重新设计工作意味着什么？当你开始思考自动化之路对员工的影响时，我们需要理解的是，当人们认识到工作可能发生的变化时，他们会更加重视有利于提升技能的工作和组织，这样的提升也被视为当前工作的一部分。对于那些认为自己的工作将发生重大变化的员工来说，他们希望公司支持他们重新掌握一份技能，并转岗到一份完全不同的工作中去。因此，当人们了解自动化将在何种程度上改变他们的工作时，他们尤为感兴趣的是企业能否支持他们学习，引导他们的职业发展并认证他们所获得的技能。

经历多阶段人生

甚至在疫情暴发之前，许多员工的工作和生活计划就已经面临两大冲击：一方面，他们可能更加长寿，因此工作时间也相应延长；另一方面，重大的技术创新将取代他们所擅长的工作的可能性也越来越大。总之，这些冲击肯定会影响人们对工作的期望以及人们的取舍。

我在研究中观察了这些冲击是如何影响人们对人生各阶段的态度的。许多人意识到，典型的教育、就业和退休的"三阶段"生活，与长寿时代带来的持续提升技能和重新学习技能的需求并不太相符。

我和我的同事安德鲁·斯科特将这种正在兴起的现象称为"多阶段人生"[10]。随着40多岁的人重返大学，或者60多岁的人注册在线学习课程，我们可以看到教育阶段是如何延至终身的。随着人们从工作中抽出时间来照顾孩子或年迈的父母，开始从事自己的副业或者去旅行和探索人生，传统的全职工作正在瓦解。我们还可以看到在生命的后期，即退休阶段所发生的变化。这一次，人们似乎在重新分配时间。退休后的休闲时间被"拆分"成月或年，人们仍然像在工作时一样隔一段时间去休假，或者暂停工作去旅行和学习。

每一代人都在用自己的方式面对全新的现实。许多四五十岁的人已经转型去拓展能力，60多岁的人则向前一步思考未来三四十年的事情。有些人把现实当作一份非凡的礼物来接受，并重新思考如何用从未想象过的方式度过自己的一生，其他人则想知道他们现在能做些什么来确保自己跨越鸿沟。

我们还可以预期，随着人们终身工作的自由变动性更高，更多的人生阶段将自然而然地出现。有些人会在他们的一生中抽出一些时间来探索更多的选择。这曾经只是年轻人在"间隔年"才会做的选择，而现在，无论一个人处于什么年龄阶段，探索都被视为一种可能的选项。有些人想成为独立制作人，甚至是成为企业家，这些人在任何年龄都有机会离开公司独立去运作。这种转变反映在考夫曼创业活动指数上：年龄在55岁至64岁的企业家人数从1996年的18%左右上升到2018年的25%以上。[11]越来越多的人正在积极创造一种"组合式"生活，在这种模式中，工作与生活是相互平衡的。

当你对长寿如何改变员工的需求和期望有了更加深入的了解后，再去假设"年龄等同于阶段"——通过员工的年龄就能预测他们的生活阶段，从而预测他们可能的需求和期望——就不再合适了。你必须采取更加个性化的方法去理解员工。例如，一名25岁的员工可能想要花时间去探索，但这种情况也可能出现在45岁或65岁的人身上。同样，一名员工可能在60岁的时候想要过一种"组合式"生活，但其他人可能在30岁或50岁的时候就渴望如此。随着生活之路变得更加自由，对于那些正在摆脱传统三阶段人生的员工来说，灵活性会带来切实的益处。这些员工会真正珍惜休一段假、去另一个国家居住、与他人共享工作或兼职创业的机会。

人才愿意放弃多少灵活性？

这些更广泛、更普遍的趋势（长寿、重视社交、自动化）以及对人生多阶段的认识，将不可避免地影响员工在职业生涯不同阶段的需求和期望。当反思所在团队的问题时，你要考虑到员工期望和组织需要之间的一致性。

这些问题在你希望员工做什么以及他们在那个时间点想从工作

中获得什么时发挥着重要作用。意识到这一点并围绕上述"交换"设计工作是至关重要的,但并不是轻而易举的,特别是涉及灵活性时。为了阐释才能高低与灵活性之间的关系,请看图5。

假设你是一家投资公司或者一家知名律师事务所的高管,当你试图了解当前和未来员工的需求时,脑海中浮现的最重要的内容可能是两个变量。首先,你希望那些最有潜力和才能的人入职并且留下来。这是对客户的承诺,这些客户希望与有才能的人互动;这也是对团队领导者的承诺,他们希望拥有才华横溢的同事。

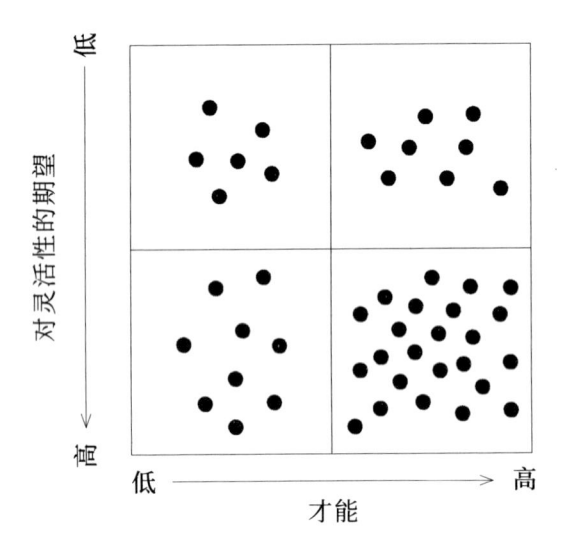

图5 框架:才能高低和对灵活性的期望

但是,你可能会优先考虑另一个变量,那就是人们对灵活工作的需求和期望。具体来说,你可能想要吸引和留住那些并不重视灵活性的人。你感兴趣的是图 5 右上象限的那个群体。这个群体在办公室办公，在办公地点上可以接受有限的灵活性。你可能还记得高盛的董事长大卫·所罗门在 2021 年春天发表的评论，他说居家办公是一种"反常现象"。他迫切希望员工能尽快回到办公室工作。他的看法并不是个例。投资银行 VSA 资本的首席执行官安德鲁·蒙克告诉 BBC 记者：

> 对于金融服务行业，人们居家办公可能是个问题。居家办公的人并没有意识到这一点，但他们的进步速度的确越来越慢，而在办公室办公的人则不会如此。在金融服务行业，你需要与同事交流彼此观点，探讨正在发生的事情。由于我们没有时间一一告知那些居家办公的员工，因此后者错过了办公室里的很多人际活动。

你可能也想招募那些不将时间灵活性作为优先考量的员工。为了满足客户的需求，我们期望员工在晚上、周末或节假日有大量的时间。你希望员工能够与客户密切合作，通常可以在较大压力下推进重要业务，并快速从团队和人际网络中汲取知识和见解以推动合作。

所以，如果你理想的潜在员工和现有员工没有优先考虑时间和地点的灵活性，那么他们优先考虑的是什么呢？从表面来看，最重要的显然是收入。在这个时间点上（也可能是未来），担任这些职责的员工最想要的就是高收入。这就是为什么高盛和其他投资银行一样，在 2021 年夏天将应届毕业生的入职年薪提高到 11 万美元，当时一些媒体称之为"人才争夺战"。主流的律师事务所也用相似办法，将年轻律师的入职工资提高到20万美元。

然而，除了收入，这些新加入者可能还有其他优先考虑的事项。当人们加入公司时，他们知道这是在向目前的人际网络和未来的雇主发出信号，即他们现在是精英中的一员。就当这是提高声誉的手段吧。

他们也可能从同事和客户那里收获颇丰。哈佛商学院教授鲍里斯·格罗伊斯伯格对高盛等公司进行的一项研究清楚地表明了这一点。[12] 他询问了一个简单的问题：当人们离开高盛这样的"温室"而入职其他公司时，他们的业绩到底是下降了还是提高了？为了回答这个问题，他对比了分析师们进入一家新公司前后的业绩数据。他发现，当人们离开一家公司（通常是去竞争对手的公司）时，他们的业绩就会下降。为什么会这样呢？经过深入研究，如我们所料，这些新人的成功虽然部分归因于他们自己拥有的才能，但更重要的是，他们的成功在很大程度上是前一家公司内部形成的人际网络造就的。他们习惯于向值得信赖的同事询问对某家公司或首席执行官的看法，或者与团队开会来集思广益，讨论某个特定的兼并行为中可能发生的情况，或者在自己的人际网络中寻求引荐。失去了这些联系和人际网络，他们的业绩和最终的产出都会受到影响，这种影响会持续到他们能够建立起新的人际网络为止。

因此，如果你在招聘图5右上象限（高才能/低灵活性）的员工，那么你可能需要根据你对这一象限群体的了解，假设他们优先考虑三点：获得高收入、提高个人影响力、带来成长空间的项目和同事。

另一方面，也许你希望招到高盛和精英律师事务所想要的同一类人才，但你更想要寻找非常有才能的人，即图 5 右下象限那些拥有才能但也优先考虑灵活性的人。

达里奥·科萨拉克领导着加拿大养老基金投资公司（CPP 投资公司），这是一家投资加拿大养老基金计划资产的全球投资管理机构。他告诉我，他会从长期发展的角度思考公司人才，考虑用什么才能留住这些人才。他说："我们正在追求一种'黄金模式'。我们不想成为一个剥削和耗尽人们精力的地方。我们希望让同事们保持投入、充满动力，并实现工作与生活的平衡。员工流失仍然存在，但我们的目标是从长期来看能够留住大多数同事。"正如我将在本书后面部分解释的，这体现在一系列灵活的选择中，包括带薪休假和最近推出的"在其他任何地方工作三个月"的实践。

同样，阿尔忒弥斯关系战略咨询公司的创始人克里斯蒂·约翰逊最感兴趣的正是这种高才能／高灵活性的人才储备。当年克里斯蒂刚从斯坦福大学毕业并在麦肯锡咨询公司工作时，便意识到她需要一种更灵活的工作方式。她并非个例。正如 2021 年春季她在 MBA 课堂上所讲的：

我被麦肯锡发表的一份关于人才的报告吸引住了。[13] 据计算，即使在 2015 年劳动力市场短缺的情况下，美国未充分就业人才导致的生产力损失就高达 17 亿美元。报告描述了居住在非城市中心的家庭护理员或其他非常有才能的人，并援引一项调查称，如果有更灵活的工作选择，3/4 的全职妈妈愿意工作。[14] 当我在

2015年创立阿尔忒弥斯公司时，这些全职妈妈就是我想要吸引的群体。

这意味着克里斯蒂在刻意地设计工作，让人们能够实现居家办公，工作时间更加灵活。

有可能像达里奥和克里斯蒂一样，你在招募人才时也将面对非常紧张的劳动力市场，而且一些高技能人才难以找到，即使找到也留不住人。这就需要把了解人们现在和未来的需求提上优先地位，并思考人们如何将自己的需求按优先级排序。

行动清单 3
理解人们想要什么

◎ 仔细查看你在行动清单 1 中选定的职位族，并思考从事这些工作的人员类型。你对他们的个人情况了解多少？他们关心什么、期望什么？鞭策他们的动力是什么？

◎ 勾勒出最能代表典型员工的四个人物角色。在每个人物角色中描述他们的工作、名字、年龄、性别和个人情况，这些角色将在以后的操作中使用。

◎ 思考我所描述的四个主要趋势：长寿 / 健康、社交 / 家庭、自动化 / 学习和多阶段人生。你在员工中是否看到了这些趋势？

如果有，在哪些方面更为突出？

◎ 人们是如何将自己的需求按优先级排序的？哪种待遇才能吸引你需要的那类人？

理解工作体验

我们是谁？年龄、人生阶段、性别、个人经历，这些都会影响我们现在和未来对工作的期望。这就是为什么理解这些是重新设计工作的基础。

然而，当你试图理解员工并与之共情时，重要的是要超越这些普遍的特点，进而询问自己："人们实际上是如何体验工作的？"了解他们的工作体验可以让你借此分析重新设计工作对未来可能产生的影响。

我对如何看待员工的工作体验非常感兴趣，在未来工作联盟中，我的 HSM 咨询团队于 2021 年 6 月将工作体验确定为一个研究主题。在 6 个月的时间里，我们采访了许多高管，了解他们的经历，然后开办了为期 2 天的线上大师课。来自 18 家合作伙伴公司的 74 名高管聚在一起，一同参与了一系列有关共同创造的体验。我们的目标是就如何确保重新设计工作能让员工拥有积极体验这一议题达成共识。

当你重新设计工作时，很容易就把注意力过多地集中在工作和任务上，却没有真正思考工作对人们来说到底意味着什么，工作过程中有什么是值得铭记的。当然，我们每个人以及各自的同事都有自己的工作体验，但除此之外，我们还有彼此分享的集体经历，这些经历将从根本上影响我们重新设计工作。为了理解这一点，我请74名高管讲述他们最难忘的工作体验。后面我用词云展示他们中一些人的回答。

也许这些让你回忆起自己的工作。回忆很重要，因为它们真正改变了我们对工作的感受，塑造了我们全身心投入工作、乐享其中且保持高效的可能性。当我们开始重新设计工作时，理解这些事件是什么以及它们如何受到工作变化的影响是至关重要的。

加入新团队　　获得晋升　　在日本的第一天

第一个圣诞派对　　告诉老板"我怀孕了"　　被赶出一个项目　　被解雇

主持一次会议

和老板进行一次令人不愉快的对话　　获得一张资格证书　　在公司的最后一天

主持我的第一次『市政厅集会』　　在生病的时候获得同情

去美国旅行　　创立一家新公司

一个新作品取得成功

仔细查看这组词云，你会发现工作体验通常分为三类。有些是痛苦的，并伴有负面情绪。比如被解雇，被调离项目，或者和老板进行了一次糟糕的谈话。因此，当人们考虑重新设计工作时，他们会询问自己一个问题："这种经历会给我带来痛苦，还是减少痛苦发生的可能性？"从某种意义上说，其中的一些经历是收获，当这些事件发生时，我们会感受到积极的能量，例如升职、获得资格证书、主持自己的第一次会议、去美国旅行等。对于重新设计工作，人们会询问自己这样一个问题："这样做会帮助我获得最大的收益，还是会让我失去这些收益？"有些关于工作的记忆是与特定的人以及他们当时的需求有关的。查看词云，你会观察到其中一些需求，例如告知老板自己怀孕了或者在生病时获得同情。因此，当人们重新设计工作时，他们会询问："这样重新设计符合我目前的需求和期望吗？"当然，这些需求和期望在我们的工作生涯中会发生变化，甚至在面对诸如女性生产等特定经历时也会有所变化。

根据重新设计工作的想法，再查看一下可能产生的评论。例如，如果你决定转到线上工作，哪个事件会受到最大程度的影响，是会增加痛苦还是会提高收益？

数字化员工体验

我们对工作的看法和期望受到自身体验，即我们的生活阶段或生活中的事件的影响，还受到我们在工作之外特定的生活体验——例如如何购物，如何度过闲暇时光，学习什么以及如何学习——的影响。对许多人来说，这种工作之外的经历不可避免地因疫情而改变。

我们可以想象这样一幅画面：当你晚上坐下来观看网飞或其他媒体平台上的视频时，你正在体验一种基于个人历史观看数据的个性化推荐服务。这一体验不可避免地会影响你对个性化的期望。第二天早上开始工作时，你很可能用同样的个性化期望来评判工作体验。如果你在白天使用英国数字银行 Monzo 这样的金融平台，体验到的服务似乎直观上与你的生活方式相匹配。你想知道在工作中使用的工具是否同样直观，你可能会越来越习惯这种体验。当你使用像户户送这样的送餐平台订餐时，你的订餐选择被圈定在一个地理范围内，你不需要打电话给多家餐馆来了解菜品以及商定送餐时间。

我们在数字技术方面的体验在疫情防控期间获得了加速升级，同时也塑造了对工作的期望。因此，当我们重新设计工作时，我们期望拥有像网飞一样个性化、像 Monzo 一样直观、像户户送一样无摩擦的体验。接下来我们来思考如何理解这些体验，然后再回过头来考虑如何将这些体验纳入工作模式之中。

洞见：汇丰银行如何理解员工的体验

在构建理解员工体验的方法时，我们可以从市场营销如何分析和理解消费者体验中学到很多内容。

利安娜·卡茨是汇丰银行的首席营销官，在银行开展的一系列大规模谈话中，她的职能得到了我的咨询团队 HSM 咨询公司的相关支持。她向我描述了三个用于理解员工体验的实用工具：客户生命周期模型、新员工生命周期模型和净推荐值（NPS）工具。

汇丰银行的营销团队几十年来一直致力于建立和深化对客户体验的洞见，为了获得针对员工层面的同样深刻的洞见，利安娜组建了一个跨职能团队，团队中包含业务战略、沟通、人力资源和营销专业人员。他们运用设计思维和数据分析工具来理解员工体验。利安娜告诉我，"这让我们真正拥有机会去挖掘23万名员工丰富的信息来源"。

该团队首先描绘了从招聘、入职、履职到最后离职的员工旅程，疫情的经历不可避免地改变了入职体验，同时也将居家办公和混合办公纳入了分析框架。正如利安娜所说："我们一直在试图鼓励员工和消费者使用数字渠道。在疫情中，这已然成为一种潮流，即人们现在认识到，在更大范围的活动中使用数字技术已是不可逆转的。"

通过描述特定群体的体验，设计团队理解了重新设计工作将如何影响这些群体。我们以应届毕业生的职业生涯为例。通过使用定量和定性数据，该团队能够从毕业生的角度理解他们在工作中的痛苦和收获。事实证明，毕业生最重要的经历之一就是从一个为期6个月的工作岗位过渡到另一个工作岗位。如果进展顺利，这对毕业生们来说将是巨大的收获，因为他们会积极自信地进入下一个岗位。然而，当进展不顺利时，这可能是一段痛苦的经历，这段经历经常让毕业生们苦苦探究如何做出贡献或者如何理解公司对他们的期望。

因此，当汇丰银行的团队着手重新设计工作时，他们把重点放在了这一过渡上。例如，他们意识到，由于部门经理在这些关键的过渡点上至关重要，因此需要制定一份清单用于指导部门经理的行为。该团队还详细描绘了员工的成长历程，仔细研究了毕业生究竟从正式的培训项目以及他们的导师和团队领导者那里学到了什么。这项研究工作清楚地表明，银行对数字和数据技能的需求与毕业生对这些技能的掌握程度之间的差距越来越大。因此，汇丰银行引入了一系列专注于培养数字和数据技能的个性化学习活动。

利安娜在回顾汇丰银行如何理解员工的工作体验时，分享了他们如何使用净推荐值这个工具：

净推荐值给客户带来了巨大的转变，帮助我们发现并解决了具体问题。因此，我们决定试行员工净推荐值，用以识别造成痛苦和收获的特定情况。员工净推荐值迅速成为管理者定期反馈的一部分。因为我们认真倾听并更快地解决了问题，所以净推荐值对于减少员工工作挫败感至关重要。

我与利安娜和其他高管讨论了他们从客户体验中学到了什么，这些收获对员工体验和重新设计工作都有影响。他们提出了两点。首先，在重新设计工作时，尤为重要的是要通过协调各种流程来降低复杂性。正如一位高管在谈到员工体验时评论的，"我们拥有太多的系统，但人们很难理解它们。所以，当引入一个新平台时，我们会确保这一平台能够兼容并且可以嵌入我们现有的系统中"。他们通过众包平台来询问人们哪些流程阻碍了他们快速完成工作。他们的主要痛点是围绕绩效管理的，我们的团队就将重点放在如何最好地简化绩效管理上。

这些高管还让我们注意到，他们从客户的体验中学到了如何合理地使用技术。为了使员工的体验更加人性化，人机界面要更加匹配。因此，当这种经历是高度个人化的，比如丧亲之痛，那这种经历就成为人与人之间的联系，在这样的联系中可以构建同理心和归属感。然而，如果这是一种大家共有的，如常规的强制性培训，那么人机体验会使整个过程更快速、更精简。这是 IBM 开发聊天机器人 Myca 的团队得出的结论，这款机器人可以为员工匹配内部职位空缺、学习机会或邻近的职业道路。对于入职这样的事情，既是一种共享体验，也是一种个人体验，那么这种人与机器的结合既能提供一种共享的高质量体验，又能强化人际关系的重要性。

行动清单 4
理解工作体验

◎ 仔细观察人们在公司工作的关键体验。哪些体验可能会造成痛苦？哪些会让人们有所收获？这些体验是否符合员工的需求和期望？

◎ 了解员工旅程——从他们入职一直到离职。员工体验告诉了你什么？汇丰银行利安娜·卡茨的例子或许值得借鉴，组建一支由营销、人力资源、沟通和战略等专业人士组成的团队。

◎ 尝试使用如净推荐值之类的工具,并将其重新用于评估员工体验。这样的工具将传递给你一种产生痛苦和收获的概念。当你开始重新设计工作时,是否可以对那些导致痛苦的事件重新进行设计,是否可以强化那些创造收益的事件。

—— 未来工作

第三章
重新构想未来

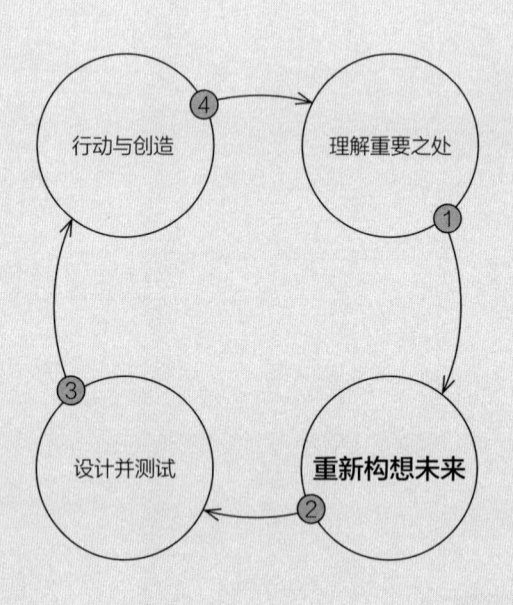

```
        ┌─────────┐        ┌─────────┐
        │ 行动与创造 │──④──→│理解重要之处│
        └─────────┘        └────①────┘
             ↑                   │
             ③                   ↓
        ┌─────────┐        ┌─────────┐
        │ 设计并测试 │←──②──│重新构想未来│
        └─────────┘        └─────────┘
```

"重新构想"是重新设计工作过程中一个令人兴奋的阶段。你现在理解了推动企业核心工作的生产要素,不论这些要素是精力、专注力、协同性还是合作性。你已经知悉团队内部和整个公司中的人际网络是如何构建的,以及这会对隐性知识和显性知识的传播产生哪些影响;你也已经了解了员工的需求和期望——无论是他们的个人情况,还是更普遍的长期愿望,比如保持身体健康、建立稳定快乐的人际关系、比机器学习更快,或者制订多阶段人生的计划;你还已经仔细研究了公司的员工会有哪些体验。

现在就可以重新构想工作了。在本章,我将和你分享如何围绕工作场所和工作时间进行设计,然而这些设计并不是轻易就可以实现的。你针对工作场所和工作时间所做的任何选择都会带来切实的好处,但也会存在潜在的重大缺点,需要做出取舍。所以在开始构建工作模式并验证新的工作设计之前,考虑如何最大程度地提升这些益处,同时承认并做出取舍才是比较恰当的做法。

我们先从办公场所开始,即同地协作(通常是在办公室工作)和分散办公(通常是居家办公)两种模式。我会分享公司如何确保办公室能够真正成为一个切实合作的工作场所,无论是共享办公室、卫星办公室还是中心办公室,创新都可以蓬勃发展。此外我也会展示,居家办公虽然可能带来潜在的干劲,但若要取得最佳工作效果,仍需要在边界管理方面做出重大努力。

之后我们将目光转向时间,即协同办公(当人们相互联系时)和在线办公(当人们与他人切断联系时)两种模式。同步的工作时间可以切实促进彼此协同,但这需要有计划的工作安排才能真正取得成效,这些安排包括与同事不间断联系以及制订工作计划。

为了让不同步的工作时间能够有效促进高效专注的工作，我们需要再次围绕"时间块"这一主题进行工作设计。

以下是我们将要深入探究的五个方面，其中的一些框架可以作为你和团队的思考起点以及需要采取的行动步骤。

01　重新构想场所和时间

　　——框架：场所和异步／同步时间
　　——框架：生产要素与工作场所和时间的可能组合
　　——行动清单 5

02　重新构想场所　将办公室视为合作的空间

　　——框架：生产要素和办公室类型
　　——洞见：富士通和奥雅纳
　　——行动清单 6

03　重新构想场所　家庭办公带来更大干劲

　　——框架：边界管理
　　——洞见：英国电信公司和塔塔咨询服务公司
　　——行动清单 7

| 04 | 重新构想时间　用异步时间来创造专注力 |

　　——框架：人与机器
　　——行动清单 8

| 05 | 重新构想时间　用同步时间来创造协同性 |

　　——洞见：塔塔咨询服务公司和澳大利亚电信公司（Telstra）
　　——行动清单 9

重新构想场所和时间

　　疫情为我们重新考量工作场所和时间提供了机会，并由此带来一系列机遇和挑战：人们如何理解最为灵活的工作？是应该像阿尔忒弥斯公司的团队那样，朝着虚拟和线上的方向发展，还是像高盛那样，让所有人回到办公室，又或者是像CPP投资公司那样，围绕工作场所构建一整套灵活的实践惯例？环顾四周，你会发现一些管理者正在重新构想在"任何场所"开展工作的可能性，另一些管理者要求员工回到中心办公室；一些管理者能够适应弹性的时间安排，还有一些管理者要求员工必须在核心时间（如朝九晚五)办公。

究竟谁才是对的？正如我已阐述的，不同公司的工作类型、人际网络和人员往往是不同的。面对这种多样性，很明显当我们对自己的公司进行思考时，需要逐渐形成适合自己公司的模式，即"标签"。我们没有通用的解决方案，也没有可以复制的最佳实践清单。但是，从第二章开始的设计过程将成为重新构想工作时会用到的基础画布。

仔细观察图6所示框架，你可以开始构想工作场所和工作时间了。

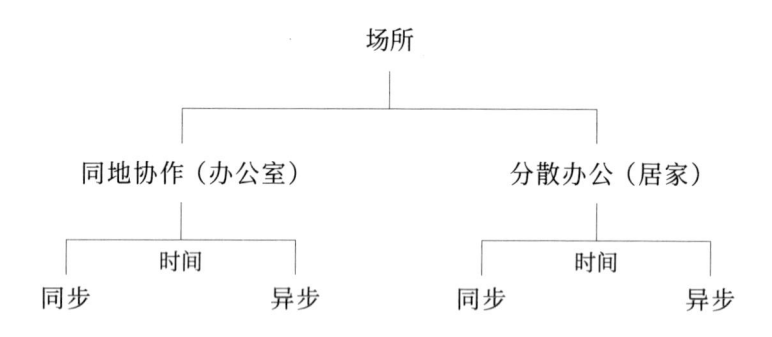

```
                            场所
                    ┌────────┴────────┐
            同地协作(办公室)         分散办公(居家)
            ┌────┴────┐             ┌────┴────┐
               时间                     时间
            ┌────┴────┐             ┌────┴────┐
           同步      异步           同步      异步

        面对面开会  不受干扰地工作   虚拟会议  不受干扰地工作
```

图6　框架：重新构想工作场所和时间

工作场所（同地协作/分散办公）

也许你已经尝试了重新设计办公场所，比如构建居家办公的工作方式，或者让人们可以在家附近的工作中心办公。这样做的公司学到了大量关于新工作方式如何在实践中发挥作用的知识。然而，重要的是要充分意识到，在大多数此类公司中，这些居家办公的试验都是在呼叫中心这样的岗位上进行的。这些工作通常需要非常明确的知识，对于工作中的协同并没有那么多的要求，因为在通常情况下，在呼叫中心工作的员工相对独立，他们只需要非常有限的时间来保持协同。

2020年初以前，企业中的知识工作者居家办公的情况相对少见。对于此种知识类型的工作，办公室才是富有生产效率的工作场所。办公室与个人空间相区分，配备了高效工作所需要的一切技术设施，成为员工聚集工作的地方。疫情极大地改变了工作设计。对于一些人来说，他们的工作场所现在转移到了私人空间，即他们的家中。

工作时间（同步时间／异步时间）

疫情暴发之前，大多数知识工作者在日常工作中需要与他人保持同步，也就是说他们与同事在同一时间段工作，但经常被许多当面沟通的会议打断。也许你已经在工作时间上做过调整——每周工作四天，压缩时间安排或者兼职。然而，通常来讲，一些特定行业或兼职才会进行这种尝试，例如护理、教学或零售等。在这些职业中，人们普遍认为兼职会阻碍事业取得长效成功。

疫情改变了我们构想时间的方式。随着许多人居家办公，人们开始发挥想象力，思考怎样利用从通勤中挤出来的那部分时间。

但影响也是双重的,因为工作时间挤占了私人时间,工作也融入了个人日程,这些个人日程包括照顾家人和朋友,抽空健身以及维持健康,甚至去提升专业技能。随着对时间的掌控方式有所改变,人们逐渐意识到工作时间和同步工作的本质。对于一些工作任务来说,异步工作(与其他人不同时)是可行的,甚至也许是更优的。同时人们也逐渐意识到,在这样一个许多工作任务不再局限于办公室的时代,与其他人同步、同时工作真的会有很多益处。

回顾图3,当我们考量影响生产力的要素时,其中一个关键问题是如何构建工作环境(包括场所和时间),最大程度地赋能对公司核心工作至关重要的因素(精力、专注力、协同性、合作性)。

我将上述思考绘制成了图7和图8中所阐释的框架。图7显示了以上要素与工作场所和时间所有可能的组合。

		精力	专注力	协同性	合作性
场所	同地协作(办公室)	●	●	●	●
	分散办公(居家)	●	●	●	●
时间	同步	●		●	●
	异步	●			●

图7 框架:生产要素与工作场所和时间的可能组合

在每一项工作设计中，你都在假设生产要素与场所和时间之间的关系。当高盛的团队表明他们希望每位员工都在办公室办公，或者 CPP 投资公司的团队表明员工每年可以在任何地方工作 3 个月时，你都会听到这些假设。高盛团队将同地协作的场所（办公室）作为工作设计的中心，而 CPP 投资公司的团队则在考虑分散办公场所（远离办公室工作）和异步时间（与他人切断联系）的影响。

到底怎样的时间和场所组合可以对公司的每一项生产要素最大赋能？这是我多年来一直在研究的问题，我在图 8 中说明了对此问题的看法。值得注意的是，图中所示的影响有正面的也有负面的。这一点非常重要，因为影响的两面性会让你意识到必须对此做出取舍。

	精力	专注力	协同性	合作性
场所				
同地协作（办公室）	−			+
分散办公（居家）	+			−
时间				
同步		−	+	
异步		+	−	

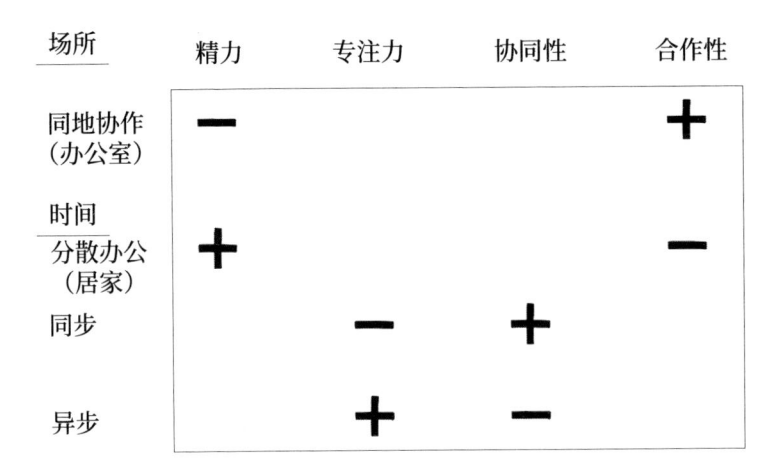

图 8　框架：工作场所和时间对生产要素的影响

重新构想场所对精力和合作性的影响

1. 正面影响

　　工作场所（同地协作或是分散办公）从本质上影响着精力和合作性这两个要素。员工以一种分散的方式工作（例如居家办公）可以提高工作干劲，因为居家办公能够减少通勤时间，员工可以把节省下来的通勤时间分配给提高精力的活动（例如运动和娱乐），以及提高情感能量的活动（例如与家人和朋友共度时光）。而在诸如办公室这样的公共场所工作时，员工可以通过面对面的接触和彼此不期而遇的可能性来促进合作。这是由人际网络来驱动的，尤其是由我们在人际网络框架中看到的弱关系来驱动的。

2. 负面影响

　　既然有正面影响，也会有负面影响。居家办公会让社交网络萎缩，缺乏与同事面对面的接触，二者都会降低合作效率。在办公室办公可能会消耗精力，这部分归咎于通勤因素，通勤可能会一天消耗两三个小时的时间，这意味着你要很早起床，很晚才能筋疲力尽地回到家。在办公室里一坐就是几个小时，午餐吃垃圾食品也不利于保持健康。

重新构想时间对专注力和协同性的影响

1. 正面影响

当你和同事的工作时间是同步的（例如每个人都是朝九晚五工作），那么你们就可以保持联系，这就提高了协同性这一生产力影响要素，因为员工之间的时间是自然而然同步的。如果你们都是同步的，那么在没有事先计划的情况下，你可以简单地假设无论是以虚拟方式还是面对面方式，团队中的每个人都可以在特定的时间内一起交流。时间的同步性使任务协同变得更加简单。而当你以一种异步的方式工作时，即不与他人联系，你就创造了一段专属于自己的时间，在这段时间中你可以真正专注于手中的任务，这样可能会提升专注力。

2. 负面影响

但是同样，同步与异步工作对于专注力和协同性既有正面影响也有负面影响。当你与他人时间同步时，在某种意义上便是"始终在线"的，并一直与他人发生联系。因为你可能会频繁被打断，所以这种情况会耗尽你的注意力。当大家工作时间不同步时，你和其他人的联系就是切断的，那么协同能力就会大受影响，因为你和同事在没有事先商议的情况下，协同工作的时间是非常有限的，甚至会不存在。

所以，在重新设计工作时，你的目标是使正面影响最大化、负面影响最小化，并做好二者之间的取舍。你可以这样做：把办公室构想成一个合作的场所，把家想象成精力的来源，把异步工作想象成一段专注的时光，把同步的、相互联系的时间想象成协同的基础。

行动清单 5
重新构想场所和时间

- ◎ 回头再看一看行动清单 1 中的职位族和生产力影响要素，考虑每个要素与工作场所和时间的可能组合，从而最大程度地提高生产力。

- ◎ 行动清单 3 的结果，即"了解人们想要什么"，将帮助你思考是否存在着某些群体，对于这些群体来说，你设计的工作场所和时间并非最优解。

- ◎ 重要的是要权衡这种组合可能产生的正面和负面影响。

- ◎ 确定最佳场所和时间，并考虑如何最大程度优化这种组合，思考其他人如何去运用这些工作设计。

重新构想场所：将办公室视为合作的空间

自工业革命以来，办公室始终是人们付诸集体努力的地方，体现了我们的工作方式。当你重新构想工作时，需要注意到一些员工在办公室办公确实会促进彼此之间的合作。那么你又会怎样做呢？疫情防控期间，办公室被"妖魔化"，成为一个我们都不想去的可怕地方；办公室也被美化了，成为各种创造与创新迸发的美好场所。但是，办公空间简史所展示的现实情况介于二者之间。

办公空间简史

如果你曾经在办公室里工作过，我猜想你会对第一次走进办公室的情景记忆犹新。我仍记得我在 1980 年第一次走进办公室时的场景。当时，作为一名刚刚获得心理咨询师资格证书的研究生，我入职了英国航空公司，成为人力资源管理师。我的主管和他的主管都有独立且视野良好的办公室，而我则在一个只有荧光灯照明的格子间里办公。20 世纪 80 年代，英国航空公司和大多数其他大公司一样有着严格的职级体系，反映在职位等级和办公室的安排上。1985 年，我开始从事咨询业务，有了自己的办公室，而我周围人员密度增加了但空间却变小了。

在接下来的几十年里，办公室设计得更加开放，旨在鼓励员工协同工作，促进团队合作。我还记得 2004 年我去英国石油公司伦敦市中心总部，拜访时任首席执行官约翰·布朗时令人震惊的经历。当时，我正在撰写一篇关于公司"同行协助"组织流程的文章，为此我来到英国石油公司进行采访。¹ 我被带到办公大楼的顶层并被告知："首席执行官在这层楼的中间。"他确实在那里。在一间摆满桌子的开放式办公室里，约翰·布朗坐在正中间，我记得他周围围绕着一片绿植和一排哥伦布发现美洲大陆前的原住民雕像。他的办公室也许是开放式的，但和大家一样，他也注重自己的隐私。

在许多办公楼层，尤其是那些知识工作者的办公场所，开放式办公室正在取代小隔间。事实上，设计师告诉我，从1995年开始，隔间的墙壁高度从1.6米下降到1.2米，然后下降到0.9米，直到最后完全消失，取而代之的是一整片办公桌。这种改变在一定程度上反映了组织技能和组织结构——知识工作者变得更为重要，跨学科团队也更为普遍。事实上，如果你走进一家科技公司的办公室，你可能会发现，正如设计师维尔达·亚历山大1991年对商业媒体杂志《快速公司》所描述的，这些办公楼"有专业的唱片机，有游戏空间、游泳池、乒乓球桌，还配备了音乐厅，自助餐厅里有精致的咖啡吧台和啤酒吧台"²。

开放式办公室在当时非常流行，随着开放化趋势，分配给员工的办公空间也逐渐缩小。2010年，美国员工的平均办公面积为18平方米；到了2017年，平均面积缩小为12平方米。在开放式办公室办公的员工可以戴着耳机隔离嘈杂的声音，从而使个人空间不会受到影响，这是一种比较合理的方式。在2019年的一项研究中，哈佛商学院的埃森·伯恩斯坦和办公场所分析公司Humanyze的总裁本·瓦伯使用了智能手机和传感器跟踪面对面互动和数字化互动。他们对比了两家《财富》世界500强公司从格子间换到开放式办公室前后的情况。正如他们所报告的,"我们发现过渡到开放式办公室后,面对面的互动大约减少了70%,但是数字化互动则增加了"。虚拟工作场所不是对实体工作场所的补充,而是成为逃避现实的"避难所"[3]。我们需要记住的是,在疫情暴发之前,数字化协同工具已经可以让员工保持全天在线,而不必面对面进行交谈。

所以,当你重新构想办公场所时,你有机会真正把办公室改造成为一个彼此合作的场所。那么,你要如何才能达成这一目标呢?

关于办公空间的矛盾心理

疫情揭示了一个简单的事实——我们对办公室办公和居家办公的心理是互相矛盾的。我们喜欢缩减身处办公室里的时间,但我们又会担心这对未来意味着什么。在疫情防控的早期阶段,这种矛盾的心理表现得非常明显。2020年3月15日,我在主持伦敦商学院网络研讨会上询问了3 000名与会者的感受。为了让大家更好地理解,我摘选了现场的观点——大约33%的人回答"还好,但我想念同事们"。要知道当时居家隔离刚刚开始两周,而人们已经可以感觉到与他人的社交联系在减弱。

2020年至2021年,斯坦福大学教授尼古拉斯·布鲁姆对中国旅游公司携程的呼叫中心工作人员进行了试验,这个试验在疫情防控早期引起了很多讨论。试验选择了一些员工,对居家办公组和办公室办公组的生产能力进行对比分析,这是当时极少数实证检验之一。在试验中,呼叫中心一半的工作人员留在办公室办公，而另一半工作人员则每周居家办公4天。[4] 布鲁姆发现，居家办公的员工工作效率有所提高，部分原因是居家办公的员工往往工作时间更长（正如我们在疫情防控期间发现的那样）。然而，有趣的是，当这些员工在家工作了9个月后有机会回到办公室时，尽管许多人每天上下班的通勤时间超过80分钟，但还是有大约一半的人选择了返回办公室工作。

同样有趣的是IBM和雅虎的早期经历。到2009年，IBM中约40%的员工在远程办公。2017年，随着利润的下滑，公司发出了最后通知：所有人要么回到办公室，要么离职。玛丽莎·梅耶尔在2012年成为雅虎的首席执行官后不久就告知12 000名员工，他们不能再居家办公，因为居家办公影响到了员工的创新性和协同性。并非所有人都欣然从命，到2016年，受此影响的员工中约有1/3离开了公司。

倾听人们对完美办公室的梦想

让人们描述一下他们心中完美的办公室是有价值的。"办公室"这个词与物理场所联系在一起，办公室里有桌子、电脑、台灯、饮水机、咖啡机、小隔间、隔音板。但对我们所有人来说，它不仅仅是一个物理空间。我在询问人们的感受时，这一点非常明显，因为他们想念的不是办公室本身，而是办公室里的人。从某种意义上说，当我们思考如何设计工作时，经常将场所（办公室）和人（同事、团队和客户）混为一谈。其实办公室本质上是一个同地协作的空间。

- 描绘文化
- 社交会议
- 非开放式布局
- 宝贵的合作和创新时间
- 拥有良好音响效果的休息空间
- 安静明亮的空间
- 人气十足
- 合作的空间拥有很多
- 是很好的聊天和明亮、多姿多彩、
- 放松空间
- 对宠物友好
- 离家很近
- 大量的研讨/协同空间
- 咖啡站位于中心位置且具有吸引力
- 氛围轻松并提供私人工作区域
- 舒适
- 连接灵感空间
- 明亮且适合散步和交谈的户外空间
- 快乐碰撞的次数最大程度增加
- 减少门和移动时的障碍
- 在山上
- 美丽且舒适
- 到处是植物明亮的色彩
- 咖啡很赞
- 风景优美
- 拥有户外空间
- 没有噪声、天然氧吧
- 不同业务的人一起工作
- 墙上挂着漂亮的画

所以，当你致力于重新设计工作时，你面临的问题是：办公室是用来做什么的？什么才是完美的办公室？这是我向未来工作联盟成员提出的问题。下一页的词云展示了一些评论关键词。

怎样才能打造一个完美的办公室？我们的建议是拓宽思路，将办公室重新构想为共享办公室、卫星办公室和中心办公室，并最大限度地提高合作机会。

洞见：富士通如何重新构想办公室

富士通的高管团队在疫情防控期间将总部的大部分员工从办公室转移到了家里，因此他们非常关注办公室设计的问题。他们意识到这是一个难得的机会，可以重新构想一些员工的回归。当他们构想这样的场所时，有一件事是清晰的，那就是单一类型的办公室将不再合适，他们需要超越"万金油模式"。设计团队中的一些人很多年前就已经是未来工作联盟的成员了，人际网络和知识传播模型是他们重新构想工作场所的灵感来源之一。他们开始围绕人们的特定任务和知识传播创造一种办公室类型。

他们发现，虽然有些人乐于在家中完成需要集中精力的任务，但另一些人则不会。这在一定程度上是因为日本的公寓空间通常很小，那些家中有孩子或老人的员工在疫情防控期间很难完成工作。为了更好地理解这一点，领导团队开始了设计过程的第一步——"理解"。为此，他们进行了一系列的员工调查，以便更全面地掌握员工的需求。疫情暴发之前的一项调查显示，74%的员工认为办公室是最好的工作场所。2020年5月的一项后续调查显示，只有15%的富士通员工认为办公室是最好的工作场所。现在，30%的人更喜欢居家办公，而55%的人更喜欢居家和办公室的混合办公。虽然许多员工有时喜欢居家办公，但极少有人希望一直居家办公。然而，去位于市中心的办公室上班要花费2个小时通勤，这是客观存在的缺点。这种通勤是在耗费员工的时间和精力。此外，正如我们早期对开放式办公室的观察所了解到的，即使人们身处办公室，他们也经常被周围的人分散注意力。

因此，当富士通的设计团队进入"重新构想"阶段时，他们开始构想完美的办公室是什么样的。他们看到的完美办公室不是1种，而是3种，而每一种都是围绕关键要素专门设计的。图9展示了这一点。

	精力	专注力	协同性	合作性
共享办公室	无通勤	不被打扰		
卫星办公室	无通勤		面对面 虚拟	
中心办公室			面对面	头脑风暴

图9 框架：围绕关键要素设计的办公室类型

共享办公室

虽然富士通的许多员工对居家办公时不再需要通勤到市中心的办公室感到高兴，但有些员工发现居家办公会使人分心。他们理想的办公室应该是一个安静的场所，配备功能良好的网络设备和打印机，重要的是要离家近。随着设计团队进入设计过程的第三个阶段，他们从 2020 年春季开始在员工居住的社区附近构建办公空间。这些共享办公室配备了单人办公隔间、网络设备和打印机。为了最大限度地利用这些共享空间，其中一些空间位于火车站，那里已经有了食堂和休息室，任何住在当地的富士通员工都可以使用。在共享办公室里，人们可以处理那些需要集中注意力的工作，使用网络和屏幕与他人召开线上会议，或者在富士通的虚拟学习平台上进行学习。

这种共享办公室有望建立和强化一种更为牢固的社群关系。未来，这些办公中心可以发展壮大，可供供应商和客户使用。这有点类似"众创空间"（WeWork），但相比之下，前者可以带来更多与同行偶遇的机会。

卫星办公室

在富士通的设计团队构建不同类型办公室的过程中，他们意识到虽然共享办公室可以解决离家近的问题，但这种办公室无法促进知识在团队之间以及内部传播。事实上，共享办公模式的特点是，员工可以在小隔间里不受他人干扰单独工作。

所以他们开始构建第二种类型的办公室，这一次是围绕较强的工作协同需求构建的。卫星办公室还是建在车站等人际网络节点附近，但也会建在东京或其他大城市的郊区。

卫星办公室适用于在项目团队中工作的员工，比如他们必须定期与同事联系，可能每周联系一次或两次。项目团队在卫星办公室里预定场地并召开项目会议。卫星办公室里配备了视频会议设备、智能创意技术和咖啡站，是人们想聚在一起时就可以前往的场所。这些地方还为团队配备了虚拟会议设备，并可以通过访问富士通的协同技术平台进行项目核对或文件签署。

中心办公室

对于那些重要的、需要激发创造性和创新的场合，富士通的工作设计团队决定建造具有视觉吸引力、令人振奋的工作空间。这些场所能让众多同事及供应商有机会碰面，会配备头脑风暴设施，空间开放、空气清新。这就是中心办公室，它的存在是为了将合作机会最大化。

> **富士通——值得反思的问题**
>
> 你是否想过如何选择最能满足关键要素（精力、专注力、协同性、合作性）的工作场所？你目前拥有什么类型的办公室？当你重新设计工作时，哪种类型的办公室是最合适的？

把办公室想象成合作空间

办公室是很多事项的集合,但对大多数人来说,从根本上讲办公室是一个产生联系的场所。回顾一下图 4 中的人际网络图,我们可以看到关于这些联系的基本线索——同地协作是人们彼此产生联系的场所,也是可以支持和推进任何乃至所有人际网络的空间。

办公室可以是这样一个场所,在这里,大家彼此熟悉且处在同一个群体中,他们可以集体挖掘个体所掌握的隐性知识。在这个空间里,来自多个彼此熟悉的社群的人可以有意识地会面,以便他们将不同的经验和信息组合起来,探索全新的可能性。

此外,还有一种人际网络对于聚集式场所来说也非常重要:当彼此不太了解或者根本不了解(弱关系)的人偶然相遇时,他们可以通过某些新颖的组合进行创新。正是这种同地且随机发生的"茶水间"对话,可以为一些新颖而非凡的事物奠定基础。

洞见:奥雅纳如何利用办公室使合作机会最大化

与富士通在东京办公室的设计一样,奥雅纳在墨尔本办公室的设计团队也在有意识地设计工作场所。高级管理人员詹尼·埃默里告诉我,她认为共享的公共空间始终发挥一些作用:

我确信我们最终会回到实体办公室,但我们需要仔细研究如何使用这些实体空间。它们实际上被当作工厂来使用,即工业革命的最后遗迹。我们需要忘掉这些过往。实体办公室必须用来支撑社区的发展且成为一个促进合作的地方。这就是我们的运作方式，我们一直在思考人际网络以及合作。

考量邻近性

乔·科伦萨是奥雅纳墨尔本总部设计团队的一员，我也从他那里感受到了对于人际网络这一点的考量。毫不奇怪，作为世界领先的设计和建筑成果之一，奥雅纳的墨尔本总部是一个接近完美的办公室。广阔的视野、宽阔的楼梯和木地板结合在一起，创造了一个被科伦萨描述为"制造偶然的相遇，设计师、建筑师和工程师都会在此互相遇见"。他接着描述了他们是如何"希望建设协同空间，减少个人空间并回归合作，因此这里拥有宽大的桌子及涂鸦板"。一楼宽敞通风的空间和开放的中庭鼓励员工彼此协同。这种知识的传播是关于团队如何一起工作的。但知识的传播也与邻近性相关，即谁坐在谁旁边、人与人之间的关系。为充分推动相邻人员之间的知识流动和传播，墨尔本办公室的团队每四个月就会搬到这栋建筑的另一个区域，以创造新的邻近空间。正如乔所说，"这是一个人们倾听和注视他人的难得的机会，邻近性也是建立关系的关键驱动力"。

成为社区的一部分

我认为奥雅纳的墨尔本办公室最吸引人的地方，在于它是如何坐落在所在社区之中的。事实上，这也是它的主要设计要点之一。正如乔所阐释的，"我们希望这个空间足够透明，可以打破办公室内'我们'和办公室外'他们'之间的界限"。这不仅仅关乎空间，还关乎空间内发生的事情。该建筑成为吸引诸多活动的磁石，在这栋建筑里，他们举办了很多活动并吸引了当地社区人员。

这个办公室还成为推动伙伴合作关系的催化剂。正如乔告诉我的：

这也是招待合作伙伴的场所。我们的供应商和合作伙伴同样可以使用这个空间，他们可以在这里工作，使用我们的咖啡馆，落座在我们的空间中，我们非常欢迎这种交流。我们还会举办一些行业活动。建成的第一年中，每周有超过200人来参观办公室，我们在这里举办了140多场活动。我们想让办公室成为一个开放的空间，也是一个彼此交流的节点。

我询问乔，一家没有像奥雅纳那样强大资源和设计理念的公司，如何能够设计用于合作的办公室。他有三个想法：首先，减少个人空间的数量，并准备好把个人空间归还给合作空间；其次，鼓励团队尽量在会议室外的开放空间会面，这样其他人就能感受到团队的合作；最后，每季度把部分人安排到新的岗位上，这样他们就能有机会认识新伙伴。

在奥雅纳工作的詹尼·埃默里总结道：

我们相信未来就像以前一样仍然非常需要工作场所。我们需要人们在工作中拥有平等的空间，彼此之间存在重要的接触，才能相互交流知识、相互学习。如此多的学习来源于耳濡目染，也来自与人相处。但是，关于未来应该如何使用办公室以及我们如何使用虚拟空间，真的需要深思熟虑。

所以当你重新构想工作时，办公室的主要角色之一将是作为新入职员工社交和了解企业的场所。正如我们即将看到的，与其说这关乎实际的空间，不如说关乎企业的意向。

> **奥雅纳——值得反思的问题**
>
> 当你考虑重新设计工作时，公司中是否有需要面对面合作的工作任务？这种合作将在哪些领域开展？你能从奥雅纳最大化合作的经验中学到什么？关于邻近性的问题，你还能如何做来实现这一宝贵资源的最大化利用？你有没有考虑过办公室在社区中的角色？你还能做什么才能把"外面的东西带进来"？

行动清单 6
将办公室视为合作的空间

◎ 首先,把你的办公室构想成各种各样的空间。是否有需要不同空间的活动?思考富士通是如何利用共享办公室、卫星办公室和中心办公室的。

◎ 接下来,在你的办公空间中,考虑知识和信息如何传播,即是否需要更多的开放和流通空间?

◎ 再之后,构想办公空间内的人员分组,包括团队如何落座、邻近关系以及每四个月员工轮岗的可能性。

◎ 最后,构想办公空间与其所在社区和邻里的关系。是否有机会把外界的内容带进我们的空间,进而与他人更密切地接触?

重新构想场所:家庭办公带来更大干劲

我们有超过 40 年技术赋能的居家办公经验。从 20 世纪 80 年代开始,在技术进步的推动下,自由职业者成为那个时代虚拟工作的社会先驱。他们使用早期的个人电脑来设计产品、编写代码、在家中写作。他们以小时或项目为单位向企业提供服务,但他们并非签约员工。对自由职业者的研究告诉我们这一切是如何发生的。在这些早期自由职业者身上,我们了解到他们热衷于拥有时间的自主权,希望工作地点具有灵活性。[5]

居家办公的苦恼与喜悦

1992年,电信巨头英国电信公司的高管团队进行了一项试验,在这项试验中,他们对呼叫中心的工作人员居家办公的经验有了初步了解。试验中,一半的团队被分配为居家办公,另一半团队则在办公室办公。本着实证的精神,他们收集了两组员工的基础数据:敬业度、绩效和留存率。然后在一段时间内,他们测试了居家办公组和办公室办公组的员工的绩效。

事实证明,这在早期是一次很有勇气的尝试。几周之内,居家办公组的绩效就下降了。通过网络进行沟通让他们非常失望。当员工们不能再去其他隔间向同事询问问题时,他们不知道该如何协同并且感到迷茫和无所适从。但高管团队下定决心,将试验坚持到底。

他们发现,随着时间的推移,居家工作的员工绩效有所提升。员工开始学习如何运用技术改善工作,并创造了解决办公室日常工作的相应方法。不到一个月,他们的绩效就超过了办公室办公的人。由于居家办公的员工珍惜现在所拥有的灵活性,因此他们在工作上更加投入。他们提及自己可以更便捷地照顾孩子或出门办事。当然,那些不再需要通勤的人也很享受居家办公带来的额外时间。更重要的是,在一个留存率处于历史低位的行业,更多的居家员工决定留在工作岗位上。

这一试验最终成为英国电信公司的重大转折点，到2000年，有相当一部分员工居家办公。更重要的是，随着公司转而采用更为灵活的工作方式，这些已经十分老练的居家办公者所积累的知识和经验就变得至关重要，他们负责的工作不再像早期的电话查询助理那样具有常规性。正如英国电信公司首席创新合伙人尼古拉·米勒德教授告诉我的，他们从这些老员工身上学到了很多。事实上，在疫情防控的早期阶段，她编写了成功居家办公实用指南，这是一份收集了多年来资深居家办公人员的诸多建议汇编而成的指南，主要内容包括：创造一个适合你的空间；日程安排就是一切；保持身体健康，不要因为休息而感到内疚；通过非正式聊天与同事沟通；通过有效地使用技术和其他手段，使居家办公的体验不再那么遥远。

倾听人们对完美家庭办公空间的想法

我们有必要暂时后退一步，来提醒自己并真正理解员工居家办公时的感受。疫情防控期间从许多公司收集的数据中我们可以清晰地看出，大多数人珍惜居家办公的机会，许多人希望这一选择能成为重新设计工作的一部分。他们享受居家办公的自由性和灵活性，同时也有机会能够更深入地了解邻居。对许多人来说，从每天的通勤中抽身出来确实为他们打开了一片新天地。为了更深入地理解这一点，在2021年年中的一次网络研讨会上，我询问参会者："你如何才能让自己在居家办公时充满热情？"他们随即发散想象力,下一页的词云展现了其中的一些描述。

人们将居家办公的机会形容为真正让工作充满干劲:居家办公使我们可以拥有思考的空间,可以烹饪健康食品,可以去附近散步,还可以照顾家人。当我与高管们交谈时,他们也体会到了同样的益处。从企业的角度来看,他们还能关注到其他好处,包括降低办公成本、减少长时间通勤带来的身体和精神上的消耗,以及增加吸引和留住员工的机会。

居家办公可以而且将会是重要的精力来源。但要达到这一效果,我们需要吸取过去的教训,同时也要意识到居家办公(本质上是虚拟工作)必须有一整套刻意设计的实践和流程才能真正取得成功。

在家庭中保持干劲

1994 年,意大利物理学家切萨雷·马尔凯蒂指出,纵观历史,人类表现出每天可以在交通上花费大约 60 分钟的意愿。这就解释了为什么像罗马这样的城市直径从来不会超过 5 千米。蒸汽火车、有轨电车和汽车扩大了城市距离,但通勤时间仍然保持不变,美国人的单程平均通勤时间约为 27 分钟。[6]

从某种意义上说,我们通勤的过程,就是从一种身份转换到另一种身份的过程。这种跨越就是心理学家所说的"边界工作"[7]。当我们离开家去工作的时候,我们就启动了这个转换程序。这一程序在某种意义上会弱化我们对家的感觉,取而代之的是强化对工作的感觉。当"边界工作"没有发生时,我们就会经历"角色外溢",

这使我们难以集中注意力，并让家庭生活和工作中涌现出更多压力。

- 光和空间
- 定时休息和散步
- 小吃
- 做午餐
- 专门的工作空间
- 远离干扰
- 一个思考的空间
- 冥想
- 安静
- 散步时间
- 饮食习惯健康的
- 俯瞰花园
- 平和、快乐
- 能挤出时间锻炼
- 舒适的桌椅
- 接触户外
- 意外惊喜
- 我的狗
- 可步行前往附近的咖啡馆
- 有过渡时期的一天
- 舒适且熟悉
- 享受音乐
- 有规律、有意识地休息
- 选择健康的食品
- 享受宁静
- 新鲜空气
- 灵活性
- 不用担心能见度
- 贴近自然
- 关注个人事务
- 稳定的网络信号
- 把工作和家庭结合起来
- 控制时间
- 锻炼身体
- 建立邻里间的人际网络
- 自然的行为
- 把门关上把个人生活和工作区分开
- 询问家人状况如何
- 隐私
- 做喜欢的事
- 舒适的座位
- 准时回家
- 能够把照顾孩子放在首位

对于许多居家办公的人来说，因为家中事务分心会令角色外溢效应变得更为复杂。英国电信公司的居家办公人员描述过，居家办公的一个缺点是会被孩子、家人和年迈的父母分散注意力。对于疫情防控期间家中有幼儿的居家办公者来说，这种经历尤其艰难。在2020年3月14日举办的一场网络研讨会上，近3 000名受访者中有超过10%的人表示，他们居家办公时最主要的问题就是分心。当然，这是孩子们待在家里不上学的特殊情况，但即使回到正常的家庭生活，我们仍然有照护责任，比如照顾放假在家的孩子，照顾年长的亲人或残障人士。这也是为什么当我们重新设计工作时，吸取上述经验并在未来几年将这些付诸实践是如此重要。

许多新的居家办公者开始意识到的问题，其实心理学家已经研究了几十年，那就是在分心的问题上，边界真的很重要。[8] 彻底居家的工作方式无比清晰地揭示了边界管理的重要性。想象一下莱利的一天，她是一家中型咨询公司的销售经理。在一个（疫情暴发之前）典型的工作日，她早上离开家，通勤90分钟到达办公室。在家庭和工作领域中，她都拥有一个独立的身份。当身处家庭中，她是一个充满爱心的母亲；当身处职场时，她是一个雷厉风行的销售人员。这两种身份是截然不同的。当她作为一名销售主管时，从某种意义上说，她是一个规则严明、沉着冷静的角色，工作需要她全神贯注；而作为一名母亲，她需要富有爱心、耐心和同理心。因此，当从一个角色转换到另一个角色时，她会经历可能相当紧张的重大转变。

莱利（以及其他大多数扮演这类角色的管理人员）管理两个

身份之间潜在的重大紧张关系的方法之一是建立边界。这些建立边界的行为通常是象征性的，是在两种身份之间创造的一种过渡仪式，比如穿上西装或者登上通勤火车，开会前喝杯咖啡或者看看新闻之类。这些仪式表明了她的新身份，标志着角色的转变，并确保跨角色干扰是有限的。当她担任销售经理的角色时，她不再作为一位母亲去思考事务，因为她在内心将这些角色分开了，当她担任母亲的角色时，（理论上）她不再以一名销售经理的思维去思考。当然，从原则上讲，无论是作为管理者还是身为母亲，她都随身携带着工作设备，这一行为让她把工作带进了家里，尤其是在她努力做到"始终在线"和保持联系畅通的情况下。

从理论上讲，我们从一种身份到另一种身份的转换，有助于提高我们在每个角色中的表现水平，并有助于保持独特的自我。我在图10中展示了这一过程是如何发生的。有些转换是物理空间上的，比如从家到办公室的转换；有些是认知上的，例如在家时担心孩子的午餐盒里是否装了健康食品，在办公室时计算月度销售数据；其他的转换是关系上的，例如和孩子谈论在学校被欺负的事，指导工作团队中的年轻成员；还有一些转换是时间上的，比如一边需要照顾孩子，另一边需要处理一个项目。

当这些边界得以维持时，就显著减少了我们从一个角色转换到另一个角色时可能出现的混淆不清。因此，人们的注意力更难被分散。然而，维护这些边界是有代价的。如果两种不同的角色之间存在着重大的转换，例如在工作中的冷静自信和在家中照顾家人的温暖柔情，这种转换可能就会比较困难。

家庭 ⟲ 工作

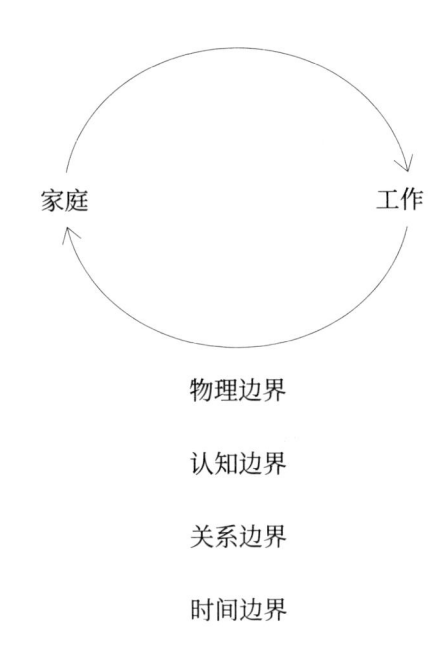

物理边界

认知边界

关系边界

时间边界

图 10　框架：边界管理

为了理解这一点，我们以卡梅伦这个人物角色为例。他是一位父亲，多年来一直辅导存在阅读障碍的儿童，偶尔在家庭办公室里进行线上辅导，有时也在当地的医疗中心面对面辅导这些孩子。

值得注意的是，莱利的两个身份（销售经理和母亲）在某种意义上是高度分割的，因为它们需要完全不同的属性，而卡梅伦的两个身份则更有融合性。对于他所扮演的两个角色（顾问和父亲）来说，关心和同情显而易见是共同存在的。因此，他没有像莱利那样需要做出心理上的转换。

然而，对卡梅伦来说，心理上无须转换并没有让事情变得更加简单。作为一名居家办公的家长，他经常会受到干扰，而且这些干扰往往是不可预测的。例如，他正在家庭办公室里提供咨询，这时他的孩子进来询问午餐吃什么；当他和病人谈话时，他在想着孩子是否已经做完了家庭作业。对卡梅伦来说，这种融合性的有利一面在于，因为他要转换的是非常相似的角色，所以他没有像莱利那样必须忍受过渡造成的精力消耗。但不利的一面是，如果没有这种清晰的心理和认知边界，他就会经常被打断，而每次被打断的时候，大脑都需要花时间重新专注于他正在从事的工作。

现在我们来构想一下，在重新设计的工作中，莱利每周居家办公两天，而卡梅伦则继续在家、办公室和医疗中心之间穿梭。那么莱利和卡梅伦应该如何做？

参与英国电信公司早期居家办公试验的资深人士给出了高明的建议：日程安排就是一切；保持身体健康，不要因为休息而感到内疚；通过非正式聊天与同事沟通；通过有效地使用技术和其他手段，使居家办公的体验不再那么遥远。此外，研究过渡和居家办公的心理学家也在强调"建立并控制边界"。

在重新设计工作的过程中，你会如何支持居家办公者建立和维护他们的边界？

复制和转换

首先，那些居家办公的人希望能够减少干扰以及建立边界，这时候复制他们从家到工作时可能建立的边界和过渡是一种明智的选择。这意味着他们在工作时要换到一个新房间，并建立起研究人员所谓的"默认的特殊边界",从而保持物理上的边界。莱利已经在她工作的办公室里积极创造了自己的空间,用她自己的物品来展示她的身份。

对居家办公空间的研究表明,家庭办公空间是多么与众不同。瞥一眼我自己的家庭办公室,我看到那里堆满了书,有一张书桌和一张孩子们经常用于聚会玩耍的临时桌子,桌子上同样堆满了书,附近挂满了家庭照片,一面墙上挂着一张绿幕,还有一排鞋子散落在周围,当然是在相机镜头之外。但是,当我走进这个小房间并关上门时,我就获得了一个具有全新意义的新身份。你和你的员工都必须创造属于自己的独特空间。

然后,明智的做法是复制一套莱利那样的过渡仪式。想想你会怎么做——比如穿上商务装,也许会乘坐火车,几乎可以肯定的是喝杯咖啡。当居家办公时,你就省去了这个漫长的过渡,但重要的是要去创造与此类似但没有那么复杂的仪式,这种仪式将激发身份的转换。对我来说,就是下楼去厨房煮一杯咖啡,然后把咖啡带进工作室。我经常在花园里呼吸几口新鲜空气,看看是否需要给花草浇水。接下来就是工作了。

规划空间和时间

至关重要的是,居家办公者必须学会控制自己的空间和时间,他们需要着力解决研究人员所说的"边界工作"[9]。如果想要在新的工作和生活中取得成效,那么学会控制空间和时间将成为你的核心竞争力。事实证明,身份之间的界限越模糊,我们越是忙于各种杂事,对工作满意度和敬业度的负面影响就越大。若要解决这个问题,就意味着要做好对地点和时间的规划——既要有限制地接触别人,也要重新安排好家务时间,并设定好其他人可以联系到你的特定时间段。

团队协议

建立时间边界是非常重要的,居家办公的人必须尽可能地减少外界的随机干扰。这是因为随机性对注意力、集中力和表现都有极大的负面影响。因此,在家人有空的时候要和他们沟通协商。更重要的是,规范公司内部和同事们的时间安排。许多团队已经运用了很多方法来解决这一问题。其中的一种方法就是团队协议,团队成员提前约定何时能够参加团队交流和团队会议,以及何时需要专注做事,例如为客户撰写报告或核算销售数据。

公司该如何鼓励边界的存在

你的企业也可以多措并举来支持员工设立明确的边界。为此,2020年4月,我的HSM咨询公司举办了一个为期7天的开放式"黑客马拉松"活动,管理人员们可以在这个开放平台中交流经验、集思广益。参与者来自欧洲、美国、日本、澳大利亚和新西兰的30多家公司。当时,60%以上的人居家办公并承担家庭责任(这一比例几乎是许多国家的常态)。他们描述了思考这个问题的三种方式:理解员工的具体情况,对现实情况富有同理心,提高技术水平。

许多人认为，为了支持居家办公的员工，管理人员需要从理解员工的特殊情况出发。正如一位管理人员所说，"你真的了解你的员工是什么样的人吗？我们意识到对家庭拥有刻板印象是大错特错的，家庭有很多种，一概而论显然是错误的"。这种认知让我们更容易理解员工在承担照顾他人的责任的前提下居家办公的现实。我听说某家公司鼓励领导者讲述自己居家办公的故事，并分享他们在工作中受到的干扰。他们希望员工不管职位有多高，都能够公开说出他们所面对的挑战和紧张感。其他人谈到了关注"关键时刻"的重要性，这是指获得正确的支持会产生意想不到的巨大影响。举个例子，当孩子生病的时候，这就是一个重要的时刻。团队和经理是给予支持，还是不予同情，这种态度会让在职的父母对公司的看法产生深远影响。正如一位经理所评论的，"这时如果你能做出正确决断，就会给员工的敬业度和忠诚度带来实实在在的益处"。

而且，正如英国电信公司的资深员工所揭示的，通过使用一定手段来确保居家办公者在"上班时间"和"下班时间"之间建立边界确实是大有帮助的，"上班时间"是员工回复消息以及与他人合作的时间，而"下班时间"是员工参与活动以恢复精力的时间。这意味着可以适当午休，并确保他们在一天结束时象征性地"离开工作场所"。他们还可以与家人和同事协商边界，通过这种办法，上述边界就更有可能维持下去。

但是，除了这些支持居家办公的方式之外，最重要的观点是，绩效管理的重点是结果导向，而不是出勤主义。

洞见：英国电信公司和塔塔咨询服务公司关注结果而不是出勤主义

如果要让家里成为一个充满工作干劲的地方，那么你必须面对一个重要的焦虑来源——如果员工选择居家办公，那么他们晋升的可能性就会降低。

人们很容易低估邻近性在保持人际关系方面所起到的重要作用。在家里，你可以感受到你是在同事视野之外的。事实上，"始终在线"的主要驱动因素之一是"害怕错过"（FOMO）的心理，而人们最害怕错过的就是升职和加薪。

事实也不一定如此，我们可以从那些拥有大量外聘劳动力的公司身上学到很多。它们给出了三个重要的经验：有意识地关注结果，在团队中认同绩效以及信任员工。

有趣的是，当我向英国电信公司的尼古拉·米勒德咨询这个问题时，她告诉我，居家办公的员工和在办公室办公的员工晋升率没有区别。

显而易见，如果问题没有得到解决，那就眼不见心不烦。克服这种焦虑需要进行一些有意识的工作设计。通常，困难在于如何计算和评估绩效。

有意识地关注结果

我对英国电信公司如何确保居家办公的员工和在办公室办公的员工晋升率没有差异很感兴趣。尼古拉·米勒德解释说："升职不是问题。我们没有出勤主义文化。许多人并不和他们的经理在同一地点工作，彼此之间经常不见面。我们有一个远程组织，员工是分散的，所以在办公室面对面沟通的情况很少。"我问她，在这种分散的员工队伍中该如何管理绩效。她描述了英国电信公司用心良苦的工作设计："定期召开团队会议、签到和一对一沟通。重要的是，每个人都要给他们的经理写一份月报。月报概要描述了他们那个月所做的事情。"我感兴趣的是在这种情况下，管理人员如何去比较员工之间的绩效，比如在3位经理之间如何比较。正如尼古拉告诉我的那样，"我们真正认识到，专注于结果而不是在办公室出勤才是至关重要的"。

在塔塔咨询服务公司，线上工作从一开始就是公司文化和实践的一部分。这家公司在46个国家的154个民族拥有约50万名员工，始终专注于如何在全球范围内工作，同时为客户提供满意的商业服务和表现。

塔塔咨询服务公司的高管团队是我创立未来工作联盟的合作伙伴之一，他们于2009年加入并合作开展了一系列研究活动。和英国电信公司一样，他们也有实行分散式工作的历史。我问他们在那种情况下该如何管理绩效，他们采取了强调结果而不是强调出勤的办法。正如这家公司的人力资源部门负责人拉姆库马尔·钱德拉塞克兰告诉我的那样，"我们的企业平台支撑了强大的协同实践。这包括预先确定目标和关键角色，明确边界和范围，明确任务和流程，衡量角色和承诺"。

信任员工

工作设计几乎可以归结为实践和流程。重要的是,工作设计也与价值观有关。在我与塔塔咨询服务公司管理人员的谈话中,他们强调了价值观的重要性。对他们来说,信任是关键。他们必须相信居家办公的员工是敬业的、高效的。正如他们绘声绘色所讲的,"要相信一个人,除非事实证明他不值得信任"。

> **英国电信公司和塔塔咨询服务公司——值得反思的问题**
>
> 考虑到这两家公司在重新设计工作方面的方法,你是否有证据表明居家办公的员工担心他们的晋升速度不如在办公室办公的员工快?当你思考这个问题时,请仔细查看如何计算和评估绩效。你还能做些什么来确保考核是以结果为导向?

意识到居家办公的深层性别动态

我们在疫情防控期间的经历给家庭带来了改变。对于一些人来说,这是长期居家办公造成影响的一个警告信号。英国数字银行星光银行的首席执行官兼创始人安妮·博登说:"我认为我们已经深刻认识到,很多人居家办公的效率要高很多。"然而,她警告说,如果企业不能适当地在办公室办公和居家办公之间取得平衡，女性可能就会受到惩罚。她说："我们最终会出现这样的情况——一些人在办公室工作，进而获得了很好的机会，而另一些人分散在各地工作，她们是年纪较大又有照顾家庭责任的女性，她们承担了大量的工作，但却没有得到任何荣誉。"

让我们以一对为人父母者协商居家办公而非办公室办公的经历来思考这个问题。

首先，多年的研究数据表明，在伴侣关系中，女性可能比男性承担更多的家务劳动（例如洗衣服、购物、做饭、照顾孩子等）。[10]即使女性比丈夫收入更多，她也很可能比丈夫做更多的家务。早些时候，我研究了分心是如何影响专注力的——因为女性通常要承担更多的家务劳动，所以她们更容易分心。更复杂的是，当男人倾向于做可预测的、常规的任务（例如每周倒垃圾或洗车）时，女人承担的家务活更多是非常规性、不可预测的任务（例如带孩子去医院或者购买新鞋）。另外，即使女性更容易被打扰，她们也会倾向于在幕后承担更多的认知任务，她们需要每天在心中列出"清单"，例如确保孩子们的饮食健康，制订一周的购物计划以确保营养均衡，检查孩子们与朋友的关系是否融洽。

因此，随着居家办公越来越普遍，我们如何确保居家办公对女性和男性来说都能够保持精力充沛？

事实证明，这个问题的答案并不是简单明了的。正如一位管理人员对我讲述的，居家办公确实存在着挑战："这加剧了我们已经经历过的性别不平等。"他接下来描述道，"挑战在于，当面临居家办公和办公室办公的选择时，绝大多数需要照顾幼儿的母亲都会做出居家的选择。这样会导致居家办公逐渐女性化，其结果就是这些女性更难得到晋升"。

一位管理人员从另一个角度分析了这种困境：

人们正在转而寻找自己独特的工作解决方案。作为一家公司，我们的观点是要求员工完成一项任务，但在任务之外给予他们自由。如何重新分配家庭和工作中的时间取决于员工自己。但现实情况是，女性在家中花费了更多（无偿）的时间，所以当围绕着谁挣得最多做出决定时，她们的职业需求就会打折扣。我们想在有孩子的员工和没有孩子的员工之间创造平等。但我们需要承认，当人们做出不同的人生选择时，这种平等不可能自然而然地产生。这就是更普适的多样性和包容性政策发挥作用之处，即我们希望公开性和公平性。如果你作为一个高管团队的成员还没有着手处理这些问题，那现在是时候把事情处理好了。

怎样才能重新设计工作，让许多事情变得合理呢？

我在伦敦商学院的同事、多样性和性别研究领域的知名学者阿尼塔·拉坦教授[11]告诉我，她认为重新设计工作的重点应该是采用以下方法，性别差异才不会进一步拉大：

公司现在能进行的主要干预措施就是承认现实情况，这需要男性和女性在家务和家庭责任方面都做出让步。他们需要采取相应的措施，以便完成各自的工作。这需要给予人们时间，也是为了夫妻共同的利益。

她进一步补充道：

夫妻需要重新定义一天的工作是什么样的，并重新构建一套能够沟通出更平等的家务劳动的规范。例如，我们知道双职工夫妻不可能一天工作8个小时，双方都做不到，所以需要一起确定时间框架来帮助达成这个目标。你们每天一起工作8个小时，但你们每人工作4个小时，照顾孩子4个小时。所以选择每周4个小时的时间块，并与你的团队一起协调这部分时间。

上述观点意味着工作的灵活性。因此，虽然家务时间相同，但这些家务是由夫妻双方分担的。当我与管理者们谈论如何实现目标时，他们提到了发出"新常态"信号的关键性。例如，如果你正在打电话，但孩子们走进了房间，这是可以接受的。阿尼塔很清楚，公司在为父母和照顾者提供指导方针、框架和工具方面都可以发挥关键作用，帮助他们理解和解决问题。

另一种选择是分割时间块，不是和你的家人，而是和另外一个人。这是角色分担的基本原则，即两个人完成同一项工作，建立完善的协调机制，使双方都能发挥作用。正如我们稍后将探讨的那样，现在已经有一系列平台被开发出来，可以让人们建立工作共享机制。

把居家办公想象成对现实社区的探索

围绕家庭重新设计工作为激发社区活力创造了令人兴奋的机

会。疫情防控期间，许多人发现自己的人际网络从以同事为中心转向了以邻里为中心。由于更多时候居家，这就为探索社区提供了可能。我们可能不会在办公室里碰到同事，但我们一定会在社区里遇到邻居。谁又能知道这些偶然相遇所带来的意外之喜，是否会和办公室里的不期而遇一样富有价值呢？

重新关注邻里是克里斯蒂·约翰逊和她在阿尔忒弥斯公司得出的经验。她发现，居家办公的时间越长，阿尔忒弥斯公司的员工在社区参与的志愿活动就越多，与邻居的关系也就越密切。

因此，当我们重新设计工作并让家庭更多地参与工作时，我们不仅可以减少通勤时间，而且可能为社区创造收益。社会学家罗伯特·帕特南在他的《独自打保龄球：美国社区的衰落与复兴》一书中描述了这一观点。[12] 他研究了20世纪50年代以来保龄球俱乐部的历史，据他描述，当时在美国许多郊区城镇，10瓶制保龄球是一项重要的社区活动，人们聚在一起与其他保龄球队进行友谊赛。这些球队自然会包含社会的各个阶层——从商人到律师和医生这样的专业人士。保龄球俱乐部把人们聚集在一起，并在这个过程中建立起对他人的同理心和共情。换句话说，他们建立了所谓的"社会资本"，即将邻里联系在一起的友谊和互惠网络。但从20世纪50年代开始，这些保龄球队逐渐解散。队员们要到附近的城市上班，工作时长增加，居家的空闲时间减少，所以他们的灵活性不足，也就不能在固定时间参与社区团队的保龄球运动。随着保龄球俱乐部这样的社区活动的消亡，社会资本逐渐减少，人们的孤立感也与日俱增。

重新设计工作有可能扭转这一趋势，积累更强大的邻里社会资本。因为居家办公的人可以利用节省下来的通勤时间,通过更丰富的休闲活动来创造更大的灵活性。克里斯蒂·约翰逊发现,由于她的同事居家办公,所以他们可以经常利用灵活的业余时间与社区建立更牢固的关系。

她列举了一些人们在社区做事的例子:在市议会任职,在公民气候变化委员会担任管理员,在大学教书,从事非营利性董事会工作,在孩子的学校做志愿者,加入科技海岸天使投资组织,在社区志愿协会担任常驻企业家,加入女性音乐协会等。

以上只是人们在拥有时间和灵活性的情况下,可以在社区花上更多时间的一些方式而已。

居家办公和可持续性的复杂议题

当我们重新设计工作时,我们会思考这些新的工作方式是否会对可持续发展产生积极影响?这些新的工作方式会减少个人和企业的碳足迹吗?

从表面上看,这种重新设计的工作方式有很多值得称道之处:减少通勤和出差都有可能减少碳足迹。但正如我从联合利华员工体验全球可持续发展主管亚历山德鲁·丁加那里了解到的,尽管有很多值得称道之处,但现实却要复杂得多。联合利华是一家全球食品和个人护理产品制造商,亚历山德鲁是跨职能员工体验团队的成员,该团队专注于为公司的 14.9 万名员工设计并提供解决方案,旨在使他们的工作体验更简单、更优质。团队成员涉及商务旅行和车队、工作场所设计和安全、办公设施、人力资源服务、招聘、IT 平台和技术以及全球移动等专业领域。亚历山德鲁在团队中的角色就是尽可能确保"员工体验"是可持续的。关于重新设计工作,他发现如果减少碳足迹是需要被优先考虑的事项,那么在重新设计工作时许多因素就需要进一步纳入考量。

通勤——取决于交通方式

正如亚历山德鲁所说,

当人们开始居家办公时,每个人首先想到的是再不通勤,碳足迹一定会下降。但事实上,在跨国公司中,平均而言,80% 在办公室办公的员工都在离家 10 至 20 公里的范围内上班,而在发达国家,大多数人使用公共交通工具。在发展中国家,尤其是在公共交通不发达的城市,人们倾向于自己开车上班……所以(碳足迹)取决于人们的通勤方式。如果他们步行、骑自行车、使用像 Tube/bev(电池驱动的电动车)这样的电动交通工具,碳足迹就为零;如果他们乘坐公共汽车、共享汽车或使用混合动力汽车,碳足迹为低 / 中;如果他们驾驶燃油汽车,碳足迹则为中 / 高。

所以,重要的是当员工通勤到办公室时,我们要鼓励他们尽可能地采用低能耗的出行方案。

居家办公——取决于家庭是否产生更少的碳足迹

同样，居家办公的碳足迹也不能一概而论，这是因为办公室和家庭的能耗取决于二者的能源效率水平。在美国或日本等发达国家，居家办公者所居住的房屋碳排放量平均比办公室高20%。这是由于在这些国家，人们对减少办公室、工厂和仓库的能源消耗关注度高。然而，在斯堪的纳维亚半岛上的国家，政府为业主提供大量补贴来减少家庭碳足迹（例如使用太阳能电池板），而在许多发展中国家（例如尼日利亚），家庭的能源效率就非常低，碳足迹比办公室办公增加80%~100%。因此，当考量公司的碳足迹时，你需要评估居家办公和办公室办公所产生的碳足迹。

显著的影响——航空商务旅行

面对面的会议总是会起到重要作用，但正如亚历山德鲁告诉我的，"重新设计工作时，减少航空旅行是削减碳足迹的最大机会"。目前，对大多数飞机而言，每个乘客飞行（平均飞行时间为4个小时）的碳成本是一吨二氧化碳。相比之下，如果铁路系统电气化并且使用的是可再生能源，那么铁路出行的碳成本为零。"所以，当重新设计工作时，考虑到航空旅行的影响，尤其是确保每一次出差都有必要，那么在可能的情况下，就可以鼓励人们用火车旅行代替飞机旅行。"

年轻人正在引领潮流

亚历山德鲁提出了一个有趣的观点，30岁以下的员工使用的能源通常比其他年龄段员工少25%。为什么会这样呢？亚历山德鲁指出了三个主要因素：

首先，他们往往独自生活或者只与伴侣生活在一起，即他们还没有生育孩子。其次，他们更倾向于技术，购买更节能或者更智能的商品——比如，只在需要的地方或时间打开空调，且使用更为节能的空调。最后，年轻人往往更喜欢居家办公，在选择居住地点时，他们希望租赁或购买那些公共设施密集度低、隔热效果较好、更多使用可再生能源的房子。

因此，当你考虑工作模式对碳足迹的影响时，一定要让年轻员工发声。最后，亚历山德鲁强调了众包思想能够帮助我们更好地理解如何评估和解决居家办公在碳影响方面所面临的巨大挑战和机遇。

减少碳足迹——值得反思的问题

你们有关于办公室碳足迹的数据吗？它和居家办公的碳足迹相比如何？重新设计工作将对通勤、居家办公、航空商务旅行产生怎样的影响？当考虑如何真正激发减少碳足迹的动力时，你还能采取哪种措施让年轻人在企业中成为可持续发展的拥护者？

行动清单 7
家庭办公带来更大干劲

◎ 仔细观察一下居家办公的资深人士吧。你从他们身上学到了什么？再观察一下疫情防控期间居家办公的经历。人们喜欢什么？对哪些事情权衡利弊？有没有办法使人们更少去权衡？

◎ 当你专注于帮助居家办公人员建立和维持边界时，你还能采取什么措施来表达更强烈的期望并试图改变原来的状态？特别要考虑到身体、认知、关系和时间上的边界。

◎ 对于居家办公的员工，查看他们是如何计算工作绩效的。企业管理者是否采取了充分的结果导向，以免居家办公人员受到出勤主义的影响。

◎ 思考一下居家办公的男性和女性的经历。你是否在不经意间强化了性别要求，从而使女性承担更多家务？你是否应该就此展开更为开放的对话，重新考虑弹性工作时间？

◎ 你可以采取哪些步骤来确保居家办公不会在不经意间增加公司的碳足迹？

重新构想时间：用异步时间来创造专注力

对工作场所的设计通常被认为是重新设计工作的主要方面。这一点在疫情防控期间尤为明显，当时报纸上有众多专栏专门辩论居家办公还是办公室办公。如果你只关注场所，那就忽略了第二个非常重要的方面——时间。在日常工作中，通常是对时间的分配和设计形成了工作日、工作周和工作月的概念。

让我们首先来关注异步时间这一概念，即我们相互不联系的时间段，在这样的状态下我们可能通过专注于手中的任务来提高效率。

专注对知识工作者来说尤其重要——回想一下 CPP 投资公司的投资分析师，他们认真研究公司数据和研究报告，然后整合并准备好一份具有说服力的材料。这段专注的时光为他们提供了推荐投资决策的机会，而这些决策可能对公司业绩产生重大影响。

当专注于工作时，我们到底在做什么？如果计划重新设计工作以增强专注力，那么多去了解一些关于人类如何以及何时集中注意力等问题的本质是相当有意义的。

机器和人的专注力是不同的

我们可以通过将人的专注力与机器的专注力进行对比来研究这一问题。这是非常重要的，因为随着时间的推移，机器将比人更有能力做专注类的工作。尽管如此，人的专注力实际上会变得越来越重要，而理解这一事实可以为我们提供一些关于如何设计专注类工作的线索。为了解释表面上的矛盾，我们需要把眼光放远，考虑机械化和自动化的普遍趋势，以及这些趋势在未来几年会如何发展。

目前，认知机器，即那些使用人工智能或机器学习的机器，所擅长的是扫描和分析海量数据。它们能够达到人类大脑无法与之竞争的规模和速度。通过扫描，机器能够对大量数据集进行多重关联，揭示数据中的本质关系。世界第一次意识到这一点是在1989年，当时IBM开发的超级电脑"深蓝"击败了国际象棋世界冠军卡斯帕罗夫。"深蓝"通过排列所有可能的走棋结果，将这些结果与过去比赛中创建的数据集进行比较来获胜。卡斯帕罗夫也在进行相似的操作：他在脑海中进行推演，而他自己对过去比赛的了解是通过观察别人和阅读其他国际象棋大师的获胜走法而获得的。"深蓝"的成功源于机器比人类对手更快地执行计算任务，并且能够"记住"更多过去的走棋方法。自20世纪90年代以来，在国际象棋等比赛项目中，机器总能击败人类。

围棋比赛也是如此，它被认为是最复杂的棋盘游戏之一。黑白棋子总计361枚，排列在纵横各19路的棋盘上，有着数百万种可能的布局。2016年，基于深思（DeepMind）程序运行的计算机AlphaGo在韩国首尔与世界冠军李世石进行了5场比赛。AlphaGo赢了5场比赛中的4场。随后，李世石协助开发了下一代程序AlphaGo Lee。再到后来，其他围棋大师的见解也都被整理到AlphaGo Master——不出所料，它击败了AlphaGo Lee。

这个故事有一个有趣的转折点。2017年，DeepMind的团队想进一步推动这一点：机器可以打败人类吗？即使它没有被人类"教导",也没有训练手册。也就是说,它能从自己的行为中学习吗?为了测试这一点,该团队开发了AlphaGo Zero。这个程序反复与自己对弈,它只知道围棋的基本规则,每次都测试走棋方式以创建获胜方案,并随着时间的推移编写了属于自己的训练手册。总的来说,该程序连续计算了3天才足以击败AlphaGo Lee,然后花了20天的时间才击败AlphaGo Master。令研究团队感兴趣的是,经过35天的连续棋局,AlphaGo Zero采用了前所未有的走棋方式。它超越了人类的博弈。在这一过程中,它已经创建2 000多万个棋局。研究人员认为,这可能与人类在比赛历史上下过的总棋局数量大致相近。[13]

因此,很明显机器可以从事一些需要集中注意力的任务,比如国际象棋和围棋。我们可以预测,在未来几年里,将会有许多机器被开发出来,以执行更多需要专注力的任务。那人类还能做什么呢?如果机器能够完成所有需要专注力的任务,那么就没有必要专门重新设计工作。

为了更好地理解这一点,我们需要仔细研究专注类任务的性质。事实证明,专注类任务有多种形式。当你对公司中需要专注的任务加以考量时,区分这些不同的形式是有帮助的。[14]为了区分这些形式,我使用了图11的框架。

图中横轴是时间线——从一秒到一周,再到一年甚至十年。纵轴(从下往上,复杂性递增)代表认知任务所需要的四种专注力:相关关系(两个或多个已知变量之间的关系)、原因分析(已知的行为导致已知的结果)、想象力(想象新颖的事物)和因果关系(事件、过程、状态等变量如何促成另一个事件的发生)。

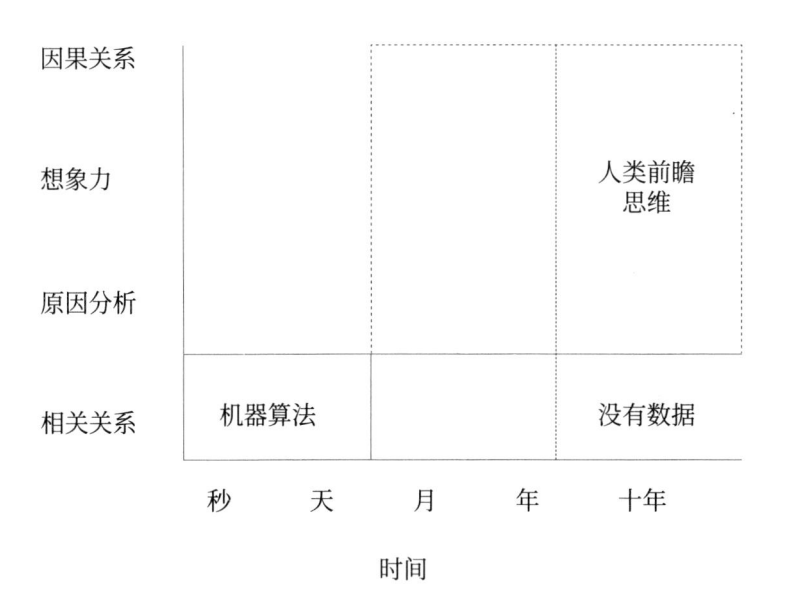

因果关系				
想象力			人类前瞻思维	
原因分析				
相关关系	机器算法		没有数据	
	秒	天 月 年	十年	
		时间		

图 11 框架：不同类型的专注力

现在，我们以人类和机器为例，在国际象棋比赛中击败人类的计算机位于图中的左下象限。使用机器能够分析和关联大量已知数据并执行关联的算法，从而证明已知数据点之间的关系。上方象限——聚焦于未来，任务是想象力或因果关系——超出了机器的能力范围。机器没有想象力，它们无法设想另一种类型的游戏，也无法根据因果关系来处理情况，即为什么变量之间存在关系。它需要人类的大脑来建立关于事情为什么会这样发生的假设。就时间维度而言，机器无法思考未来。它需要人类的头脑去想象可能发生的事情——换句话说，去思考未来，想象一下可能会发生什么，不仅是现在，也可能是明年，甚至下一个十年。正是这些任务需要人的专注力。

这种前瞻性思考能力的价值在于，它提出了可能还不存在的事物。机器算法处理已知的东西，人类大脑处理未知和可能存在的东西。

例如有一位市场分析师，他的很多职能已经被技术取代。分析师可以对行业数据进行复杂的分析，但在所做的专注类工作中，他正在超越过去和现在想象未来。分析师们利用现有的数据对未来进行假设。而且，重要的是他们可以判断并调整自己的决定。

支持专注力的方法

随着机器可以替代人类处理分析数据的工作，人类大脑处理专注类任务的能力将变得越来越重要。这种越来越重要的进程重新强调了支持人类专注能力的实践和过程。接下来，我们从"得到充足休息的大脑"的重要性开始讨论。

承认睡眠的重要性

你可能会对英国前首相玛格丽特·撒切尔这样的人物十分好奇，她曾说过自己每晚只睡 4 个小时。有些身居要职的人会告诉你，他们刚刚上了一夜班，早上又开始继续工作，或者你自己也经历过坐了一夜的飞机后直接去参加会议的情形。也许在那一刻，你的自我感觉良好：犹如一位战士，仍在昂首挺胸地战斗。但是，并非每个人都能用同样的方式工作，而且从长期来看，这样的工作方式并不具有可持续性。

科学在这一点上给出了明确的结论。大脑要执行想象力和前瞻性思考的任务，就必须要休息。我们的大脑平均需要 8 个小时的睡眠才能得到休息，继而发挥人类更高的能力，这些能力包括想象力或者做出因果推断。所以就有一个问题：重新设计工作会不会导致人们一晚很难睡够 8 个小时？

睡眠不足不仅会扰乱大脑，焦虑也会。当我们感到焦虑时，大脑不再有能力思考和想象未来。相反，它会出现思维停滞。换句话说，它变得更像是一台机器。

扰乱大脑的因素还有很多。当感到压力和疲惫时，我们不仅无法进行前瞻性思考，也无法发挥人类宝贵的能力——同理心。有趣的是，同理心虽然是情感而非认知层面上的，但也出现在图中的右上象限。当我们同情另一个人时，我们会想象他们是什么样的人。我们的想象力并不局限于当下成为他们意味着什么，大脑会想象未来成为他们意味着什么。就像焦虑关闭了前瞻性认知一样，它也关闭了前瞻性情感。当拘泥于自己的生活时，我们几乎不可能想象别人的生活。

随着机器的发展，人类能力的施展空间越来越多地关乎前瞻性思维和假设思维。因此，对于那些需要集中注意力的工作，让大脑得到充足的休息是至关重要的。你现在可能需要反思一下那些让人们难以睡个好觉的工作习惯（例如上班时间、下班时间、通勤、"始终在线"）。新的工作模式会对此产生怎样的影响？一些领导者甚至认为睡眠是一种战略性资源，并在公司中鼓励一种重视睡眠的工作文化，切实为了身心健康来改善睡眠习惯，允许并鼓励员工在工作日结束后不再工作，设立休息室并鼓励员工去使用。[15]

面对多任务处理的迷思

不是只有青少年认为他们可以一边收看自己喜欢的电视节目，一边写学校作业。就像每天睡4个小时一样，能够一心多用通常被视为一种值得炫耀的资本。但人类的大脑不善于同时处理多项任务，当我们试图这样做时，就会在一定程度上损害效率和生产力。如果我们不断地在不同任务之间切换，就会受到干扰，注意力就会被分散，我们就会失去前瞻性或深入思考的能力，进而感到负担过重、疲惫不堪。[16]

我们在多任务处理过程中所经历的认知摩擦与米哈里·契克森米哈赖所说的"心流"——感觉当下，没有意识到时间的流逝，完全沉浸在此时此地的体验——是截然相反的。[17]心流的体验更有可能发生在精神放松的时候，例如当你"拔掉电源"而非"插上电源"，又或者正在经历平静和宁静的时候。

从表面上看，这不难成为设计的目标。它的含义很简单：工作就应该被这样设计，当人们专注于工作时，可以拥有一段不受干扰的时间（至少2个小时）。这里的关键变量是时间与地点在某种意义上是不可知的——你可以在办公室、家里、度假胜地甚至长途航班上拥有3个小时不受打扰的时间。

那么，为什么这个看似简单的设计，在实践中如此难以实现呢？为什么无数的研究表明，大多数员工每分钟都会被打断（或自我中断)？既然我们知道疲惫对大脑健康的影响，为什么还有那么多人把移动电子设备放在睡觉时触手可及的地方呢？

虽然安排好专注的时间表面上与日程安排有关，但实际上并非如此。

安排专注的时间

我们先从简单的问题开始，即安排好专注的时间。那些重视专注力的管理人员设计了一些方法来确保人们无论是在办公室还是在家中，都有一段时间不受干扰。这样做的效果在20世纪90年代哈佛商学院莱斯利·佩洛教授进行的一项最具开创性的工作时间的学术研究中表现得尤为明显。她展示了一个软件工程团队如何通过一项强制性的安排来减少成员的"时间饥荒"，从而提高生产力，在那段安静的时间里，任何人都不能被打扰。[18]

事实证明，虽然安排不受干扰的时间很重要，但除此以外仍要付出更多努力。虽然我们知道不受干扰的工作方式有很多益处，并且我们有动力如此，但我们仍不可避免一心多用。理解我们为何如此，并创造一种尽可能减少同时处理多项任务的工作方式是至关重要的。

我们首先仔细研究第一点，为什么会发生这种情况。埃森·伯恩斯坦、杰西·肖尔和大卫·拉泽共同研究了这一主题，他们表示，人们独自工作并集中注意力的时候存在着一些障碍：

一方面，害怕被排除在外会让他们一直在企业社交媒体上在线。每个人都不想被孤立,或者不想看起来被孤立;另一方面,了解他们的团队成员正在做什么,会让人们拥有一种舒适感和安全感,因为这样人们就可以调整自己的行为,从而与团队同步。独自去尝试一些可能一开始就不会成功的新事物是有风险的。[19]

这就形成了一种"始终在线"的默认模式,很多人发现自己陷入了这种状态。疫情似乎加剧了这种情况。例如,根据疫情防控期间 IBM 统计的数据,电子邮件的流量有所增加,尤其是在晚上 9 点到午夜之间。

这种"始终在线"的心态造成了新美国更好生活试验室主任布里吉德·舒尔特所讲的"时间碎片"[20]现象,即时间被碎片化,浪费在了毫无效率的多任务处理上。这会占用专注时间,而且通常也会占用休闲时间。从表面来看,每个普通的任务只需要几分钟就能完成,但总体来看,大量的工作占用了很多时间,并且由于诸多干扰而造成时间分散。也许你会唤起这样的记忆:在一段时间内试图集中精力完成任务,结果却被团队的提醒打扰,不断地把思绪带回当前。就像居家办公的人试图管理边界一样,每次打扰都会产生一次角色转换,因为这种打扰会把我们的注意力分散,所以需要时间来恢复思考。[21] 因此,我们采纳克里斯蒂·约翰逊的建议,首先确保团队为每项专注类任务安排不受干扰的时间段,她认为这是阿尔忒弥斯公司提高生产力的一个基石。

然而,重要的是我们需要承认,当涉及如何以及何时集中注意力时,人们的节奏是不一样的。对一些人来说,早上的第一个小时更容易集中注意力,而对另一些人来说,下午晚些时候会更好，所以让人们自己控制不受干扰的时间段是有道理的。这可以根据个人偏好（是早起工作还是下午工作）、个人情况（放学后是否需要照顾孩子）或者任务的特点（是否需要连续 8 个小时不受干扰才能完成工作任务）来决定。

让领导者鼓励专注工作

害怕被圈子排挤、担心被孤立、不能与团队同步，这些忧虑都不会轻易消失。所以，接下来，我们需要思考那些鼓励人们断开联系的行为和暗示。埃森·伯恩斯坦对美国德勤会计师事务所前首席执行官凯茜·恩格尔伯特的描述令我印象深刻。一次会议上，凯茜分享了一位即将离职的员工（她甚至不认识对方）的经历，"我不想像凯茜·恩格尔伯特一样在工作中'始终在线'，并总能与同事互动"，她意识到暗示所带来的影响。[22] 暂且不论是否正确，这都是因为她经常看到恩格尔伯特在晚上也保持着在线状态。埃森接着反思道："除非领导者自己关掉了手机，否则冥想室和类似的场所可能都会变成网络公司足球游戏桌的最新版本，用到它们的是那些最有可能在下一次经济衰退中被解雇的人。"

行动清单 8
用异步时间来创造专注力

◎ 回顾行动清单 1，思考那些需要集中注意力完成任务的大量工作。

◎ 思考在这些工作中需要实现哪些目标，才能最大限度地集中注意力。工作的节奏是否让人们难以保证 8 个小时的睡眠？在安排日程的过程中能否让员工拥有不受干扰的时间段？如果答案是否定的，那么再仔细看看项目本身吧。

◎ 研判一下鼓励人们从工作中解脱出来的方式，即领导者们树立了怎样的榜样。

◎ 我们需要认识到，因为每个人都有自己的工作节奏，所以尽可能地让他们自主安排时间是非常重要的。

重新构想时间：用同步时间来创造协同性

有些工作的核心要求是不与他人联系，专注地单独完成复杂的任务。但对于其他需要协同的任务，那些"即刻"的联系可能就至关重要。你可以一对一地指导团队中的年轻成员，让他们了解你对如何处理客户会议的看法。你可以与团队成员联系，研究你们共同的项目进展如何，并在最后一刻改变项目方向。你可能是一个高级团队的成员，你们聚集在一起解决一个刚刚出现且亟待解决的棘手问题。你参与了一系列的协同任务：规划工作量、集思广益、设定目标期望、分享信息以获得即时反馈、管理绩效预期、设定共同目标、建立联系、调解棘手问题。

关于协同需要记住的一点是，它与场所无关——你们可以面对面地坐在一起，也可以在 Zoom 这类视频会议软件或者 Microsoft Teams 这类协作平台上一起讨论。所以请注意，不必假设所有的协同都是需要面对面的。

同样重要的是，我们需要认识到，并不是联系越多越好。这一点值得注意，因为人们在某种形式的协同活动中（特别是在疫情防控期间）花费了更多的时间一起工作。回想一下在塔塔咨询服务公司就职的钱德拉塞克兰的评论："人们在电脑前花费的时间长得离谱，主要原因是团队会议太多了。"他并不是唯一一个有这类看法的人。研究表明，管理人员平均每周花在会议上的时间接近 23 个小时。50 年前，这个数字还不到 10 个小时。[23] 结果就是，知识型员工平均花费 65% 的工作时间与他人协同和沟通（其中 28% 的时间用于电子邮件沟通）。[24] 在疫情的影响下，协同与合作成为所有沟通渠道必须的要求。这些实时连接可以是面对面的，如共享的办公室、中心、咖啡店；也可以是虚拟的，如 Zoom 这样的平台。

当你重新设计工作时，这里有一些方法，让你不仅可以利用宝贵的面对面时间发挥协同作用，还可以充分在线上保持协同。

充分发挥面对面协同的作用

当每个人的大部分时间是在办公室时,他们就有可能混日子,这是卡尔·纽波特在他的书《深度工作:如何有效使用每一点脑力》中所提到的。与工业制造的结构化过程相比,知识工作的过程是模糊且无组织的。正如他所观察到的:"在许多团队里,任务的分配是随意的,很少有系统的方法来跟踪谁在做什么,或者了解工作的进展。"在这样一个混乱的工作环境中,把人们聚集在一起有很大的益处。[25]

当然,这种混乱也有负面影响。我记得我曾与MBA项目的日本学生和伦敦商学院的校友谈论过传统国家的工作前景。一位在日本大银行工作的年轻校友说:"当你身处办公室的时候,经理会四处走动并给员工安排工作。他们会看看谁可能不那么忙,然后安排这些员工做事。这意味着我经常会被打扰。"这种宽松的工作方式具有一定优势,但正如我的日本学生所观察到的,这样也会造成更多的干扰,尤其是来自同事的干扰。

然而,虽然面对面沟通可能会导致更多的干扰,但这次疫情带给我们的经验之一是,当缺乏面对面沟通时,我们会感到怅然若失。正如微软公司管理人员在内部调查中发现的,软件工程师的确错过了团队面对面互动才会发生的某些情况。就像有些人的评论:"除了让那些技术迷同时坐在放了一块白板的房间里,我们就没有其他更好的替代选项。"疫情防控期间,他们错过了在一起规划、一起分享此刻的看法、调整方向以及头脑风暴的机会。[26] 因此,充分利用面对面协同才是重新设计工作的关键。

由于在共享空间办公已经成为许多人工作设计的一部分，人们有机会更着意地充分利用这种共享空间。采纳哈佛商学院工商管理教授策戴尔·尼利的建议不失为明智之举，她认为目前会议过多的原因是由于人们依然认为口头交流是最好的沟通方式。[27] 她的建议是，如果员工们确实需要见面，那就要明确沟通形式。每个人都需要在同一个空间才能面对面地交流信息吗？这些信息是通过匮乏媒介（基于文本的）还是丰裕媒介（包括非语言内容）才能被最好地理解？例如，即时通信 App 既是同步的（同时参与），又是匮乏的（主要由文本驱动），这使得它们非常适合应用于简单的协同，而无论是见面聊天还是视频聊天，则既是同步的，又是丰裕的，因此更适合应用于复杂的协同和谈判。除了考虑会议的形式，她的建议还包括思考谁真正需要出席会议。特别要注意，会议范围限定越小越好。策戴尔建议，与会成员不应超过 6 人，旨在减少人们虽参加会议但不真正参与其中的"社会懈怠"风险。[28]

让虚拟协同成为一种良好的习惯

当强调面对面协同的好处时，你需要同时推进虚拟协同。随着虚拟协同技术在创新周期中不断发展，我们会有很多机会来推进虚拟协同。通过查看使用远程工作相关术语的专利的申请频率，例如"视频会议""远程通勤""远程互动""居家办公"，我们可以对这些创新周期的势头有所感知。2020 年 1 月至 9 月，美国这类专利申请数量翻了一番。[29] 这些专利将通过与其相近技术之间的"跨界混搭"而更加兴旺。例如，电信公司威瑞森收购了视频会议公司蓝色牛仔裤，奥多比公司（Adobe）收购了面向营销人员的工作管理平台工作前沿（Workfront），软营公司（Salesforce）收购了办公软件公司斯莱克（Slack）。显而易见，许多科技公司正竭尽所能把每一笔研发资金投入虚拟在线技术。

技术的成熟只会加速提升我们对虚拟沟通和协同的熟悉度。虚拟协同的发展速度是惊人的。2000年2月，谷歌应用程序Google Meet的使用量激增，其流量几乎超过了服务器的容量。1月到3月之间，每日高峰使用量增加了30倍，在接下来的一年里，人们参加了超过60亿次会议。事实上，仅一个夏季高峰期，用户在平台上的总时长就达到了75亿分钟。

正如通信产品高级总监萨纳兹·阿哈里所反馈的那样，应用程序中设有"礼仪的自然应用"功能，特别是当会议参与者想要发言时，他们会使用"举手"功能。她说："这就是人人为此添砖加瓦的美妙之处。每个人都有贡献，无论你是在客厅，还是在办公室，总有一种贡献方式。不管你身处哪个时区，身在哪个地点，你都可以为此增光添彩。从公平参与的角度来看，这确实是件好事。"[30]

这种趋势肯定会对虚拟连接产生切实的影响，因此保持更新迭代是至关重要的。以目前在头戴式显示器上开发的虚拟现实技术为例，普华永道会计师事务所在2021年夏天利用这项技术将新入职的毕业生聚集在一起。这些技术都有可能创造出一种平台，在这样的平台里，每个人的虚拟化身可以四处走动，获得与他人接近的感觉。

这些虚拟技术有可能成为虚拟协同的支柱。但重要的是，仅仅购买技术是不够的。正如对应用技术的历史研究所展现的，虽然技术创新至关重要,但要让技术拥有巨大的影响力,就必须伴随着组织、管理实践和管理过程的创新。[31] 技术创新与工作行为和实践结合,比如建立协同的节奏将加速产品迭代。

建立协同的节奏

我们期待着围绕虚拟连接进行更多的技术和流程创新,但这也带来了一个重大挑战。随着连接能力的增强,始终保持联系的吸引力也在增加。因此,当我们利用连接技术进行创新时,一定要构建相应的实践和流程,从而使协同既能同步(当人们彼此联系时),又能异步(当人们暂不联系时)。换句话说,建立一种人们既能聚集在一起,又可以随时分开的节奏。

埃森·伯恩斯坦的一系列研究非常清晰地表明建立这种节奏的重要性。[32] 该研究考虑了团队在参与项目时是否也关注到协同的节奏——既有彼此联系时的"发声",也有不联系时的"沉默"。为了更严格地理解这种节奏,研究小组建立了一个解决问题的试验程序。所有试验组都要解决同样的问题,但有些组的团队成员并不总是互相联系,而是彼此孤立;有些组的团队成员经常保持联系;有些组的团队成员则是偶尔联系。然后,研究人员考核了三种类型小组的绩效结果。

对于那些由互不联系和孤立的成员组成的团队,试验结果的优劣取决于个体成员的优劣。他们的结果是一组方差很大的解决方案。

总是相互联系的团队倾向于建立这样一种节奏:首先汇集大

家的信息，然后通过达成共识来做出最终决定。在汇集信息阶段，他们互相倾听，了解其他人对解决方案的看法，并讨论各种选择。当接近于达成共识时，他们不可避免地减少了信息差，从而达成一个评价结果中等的解决方案。这往往意味着他们倾向于一个不那么完美的解决方案：他们更有效地收集信息，但输出的解决方案缺乏创新性和高效率。有趣的是，正如伯恩斯坦观察到的那样，"通过实现越来越多的联系，人类变得更像机器网络中的被动节点，他们在处理信息方面越来越棒，但在做出决策方面却越来越差"。

重要的洞察在于，那些间歇性互动的小组变得最具创新性和生产力。在第一个彼此不联系的阶段，他们都是独自思考对问题的看法和观点，得出独特的多样化解决方案。这与第二组成员不同，第二组成员经常保持联系，他们会被即刻安排到一个小组中去讨论看法。当间歇性联系的成员随后与他们的团队成员联系时，他们汇集个体的解决方案并相互学习。事实证明，集体学习的过程至关重要。因为这表明即使单个解决方案不是最优解，但它们可能仍然包含一种思考或想法，如果与其他解决方案重新组合，将会产生更优的结果。在创造集体智慧的过程中，这一组吸收了许多成员的想法，而非依赖于少数几个想法最强烈的成员。

洞见：塔塔咨询服务公司如何建立协同

保持有节奏的联系和间歇性联系是创造高效虚拟协同的核心，而每天和每周的例行程序将发挥关键作用。

这些协同程序始于10多年前的知识类工作，比如软件开发。

程序员和管理人员开发并部署了一种不同寻常的系统方法来组织工作。微软、IBM 和塔塔咨询服务公司开始采用"灵活项目管理方法",其中包括站立会议和复盘,这有利于跟进和分配任务,既不会使单个成员负担过重,也不会造成不必要的中断或冗余。

我仔细研究了这套方法在塔塔咨询服务公司是如何起效的。正如管理人员拉姆库马尔·钱德拉塞克兰和安舒·卡普尔向我解释的那样,他们一段时间以来一直在使用不受地点限制的灵活工作方式,而正是灵活原则推动了项目管理方法的改进。让我印象深刻的是两个同步的、虚拟的例行程序:每日站立会议和复盘。

每日站立会议

每日站立会议是支撑公司虚拟协同的重要例行程序之一。每日站立会议都是在小团队中进行的,一般在 15 到 20 人的范围,这些团队成员每天聚在一起召开 15 分钟的会议。正如管理人员解释的那样,"保持会议简短会让目的性更强"。他们提供了一个机会,让大家讨论昨日的工作哪些有效、哪些无效。同时,这也是确定当日事项优先级排序的机会。根据他们的经验,在会议对话中引入数据是非常关键的:"我们使用实时总结表格来跟踪进度。团队查看工作分配到哪里、主要交付物的成果以及项目是否按计划进行。团队可以看到不同的待办事项以及这些事项是如何交付的。我们可以进一步查看细节并分析问题所在。"

复盘

塔塔咨询服务公司发现的另一种创建虚拟协同工作的方法，是在项目结束后进行闭环复盘。他们发现"复盘"颇有助益。复盘是一个难得的机会，团队成员可以利用这个机会思考项目进展如何、他们学到了什么，以及他们如何把学到的内容迁移到类似的项目中。他们能查看的公司项目数据可以让他们将自己的项目与其他项目比较，从而加速学习过程。然后，项目负责人可以与其他负责人虚拟会面，了解是否有任何需要共同解决的整体性问题。例如，项目的反馈意见中是否建议开发新功能，或者项目过程的某些方面是否需要重新设计。

> **塔塔咨询服务公司——值得反思的问题**
>
> "发声"和"沉默"时刻是否与你的工作节奏相同？你对塔塔咨询服务公司的每日站立会议有何看法？这会给虚拟团队带来更多的联系吗？复盘是否有助于协同？

协同——想想上个周一和周五

2021年夏天，在重新设计工作的早期，围绕员工们何时能来办公室办公存在许多焦虑。广告公司 WPP 首席执行官马克·里德在接受 BBC 采访时表达了许多人的担忧："我们永远也不会回到以前的工作方式了。员工们每周居家办公三四天，所以我们可能需要缩减20%的空间，但如果每个人都是周一和周五居家办公，我们就不会采取这样的措施了。"[33]

这里涉及个人偏好和公平公正的问题。除此之外，还存在着一个简单的事实：当员工可以完全选择何时来办公室工作时，大多数人自然会倾向于每周居家办公2天，每周在办公室办公3天。他们选择的上班时间会是一周的中间时段，周一和周五的办公室是空荡荡的。

似乎无论你的日程安排如何，总有一件事是明确的。在工作流程的早期自动化中犯的一个重大错误，是简单地将当前的工作流程自动化，而不是重新设计工作流程。自动化流程往往只是复制了当前流程的缺陷、特性和变通方法，而面对面协同向虚拟协同的转变也是如此。简单地复制现有的假设和工作方式将会让我们失去改进的机会。

在一系列的研究采访中，我请管理人员描述他们对重新设计工作流程的看法。一种压倒性的观点是强调简化的重要性。他们说，工作流程和日程安排越复杂，员工就越没有动力去遵循它。简化的主要方法是取消会议和团队任务。正如塔塔咨询服务公司的管理人员告诉我的，"我们经常会询问，传统的面对面会议是否有必要。这些面对面会议可以被取消吗？如果面对面沟通是至关重要的，那么它们可以异步开展吗？我们也会尽量缩短旨在保持协同的跟进会议——这也就是我们每天仅安排15分钟会议背后的考量"。

其次，就以往需要面对面协同的任务而言，这些任务是否可以重新分配给团队以外的人？这些任务是否可以虚拟、异步执行，从而让人们在自己的时间里拥有更多的自主权？例如，它们是否可以由自由职业者或公司员工的校友来完成？

洞见：澳大利亚电信公司如何利用工作安排技能来更好地协同

管理协同角色在一些公司中被认为是如此重要，以至于公司已经发展出特定的职能来对此加以管理。这是澳大利亚电信公司人事部门负责人亚历克斯·巴德诺赫与高管团队做出的决定。亚历克斯解释了他们的做法：

> 公司已经培训了一万多名员工到灵活的团队中工作。然后我们将管理分为三个层次，并将人员领导和工作领导的角色区分开来。领导工作的人一直在观察工作能否顺利推进。例如，项目需求随时可能超过人员的生产能力，因此他们必须决定停止推进哪些项目。我们正在开展动态运营，获得最佳的技能和成本组合。重要的是，我们并不会过度消耗员工，而一直在关切员工的健康和幸福。

我问亚历克斯，她认为做好这件事的关键是什么。她提出了三条建议。首先，她说管理日程和资源的人富有责任心，且能积极反馈是非常重要的。在澳大利亚电信公司，这种反馈包括员工敬业度（时长评估）、净推荐值（描述个人是否会向其他人推荐该管理者）以及团队成员的留存率。其次，至关重要的是，调度和资源部署不是简单地作为项目结果来度量，而是作为动态能力构建的过程来度量。例如，人们被分配到项目的方式和他们的工作安排是否会促进个人技能发展和项目有效推进。最后，在亚历克斯看来，完成这项工作的关键之一是能够构建具有基本指标的技术基础，这些指标包括资源分配方案、技能档案、工作需求和工作计划。

> **澳大利亚电信公司——值得反思的问题**
>
> 在工作节奏方面，我们是否有理由效仿澳大利亚电信公司的例子，安排一个特定的"工作领导"？你目前有什么数据可以支撑日程安排方面的反馈？这在新的工作设计中数据充足吗？澳大利亚电信公司的"动态建设能力"到位了吗？你还能进一步理解日程安排如何促使人们培养自己的能力吗？

行动清单 9
用同步时间来创造协同性

◎ 查看一下职位族，找出那些以协同性作为关键组成部分的工作。对于需要协同的任务，哪些需要面对面沟通？哪些可以虚拟协同？

◎ 针对那些面对面的协同任务，有什么方法可以提高效率？

◎ 仔细查看一下虚拟协同任务。技术发展可能会带来怎样的影响？你现在还能采取哪些举措紧跟发展，比如尝试运用新技术？

◎ 检查一下协同的节奏。你们是否明确了团队联系和切断联系的节奏？你还能采取哪些举措来安排和建立每天或每周的例行程序？

◎ 你是否构建了必要的深度协同能力？你还有什么需要做的吗？

—— 未来工作

第四章
设计并测试

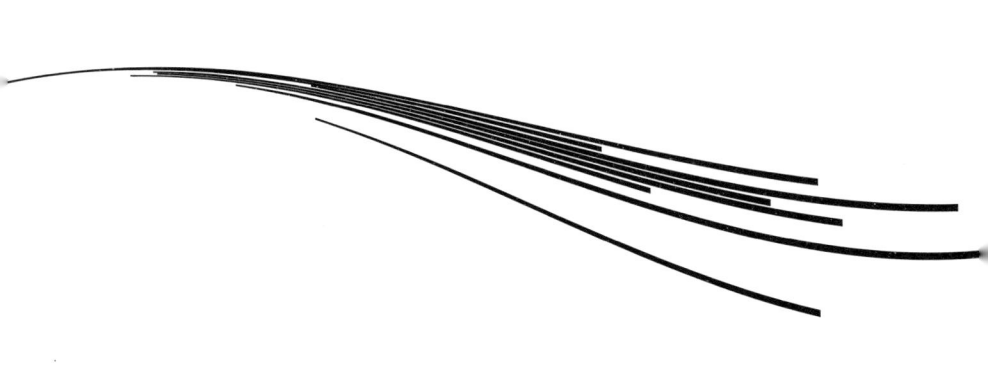

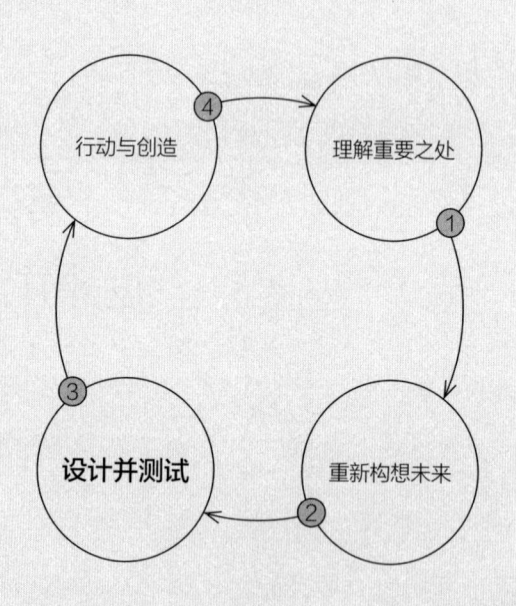

```
            ④
  行动与创造 ——→ 理解重要之处
      ↑              │
      │              │①
      │              ↓
      ③           重新构想未来
   设计并测试 ←——
            ②
```

当你针对何时、何地以及如何工作来构建模式时，你将面临许多选择和决策。有些工作方式会有明显的好处，有些则需要权衡利弊。通过前两个重新设计工作的步骤，你已经对工作中的要素有了更深的理解，比如是什么支持着组织中的生产力，人际网络的形式是什么，知识如何传播，以及组织内的人希望如何去工作。你重新构想了工作场所和时间，并思考如何把办公室变成合作的催化剂，把家庭构想成精力的源泉，把异步时间构想成专注力的提供因素，把同步时间构想成协同的创造因素。现在是时候把上述内容结合起来，构建工作模式，然后检验重新设计的工作了。我的建议是，你的工作模式应该能够成功通过三个标准的检验：能够适应未来，支持技术转型，能够做到公平和公正。

01 设计并测试　工作模式能否适应未来

——框架：多阶段人生
——洞见：威瑞森公司、联合利华、开放银行和 CPP 投资公司
——行动清单 10

02 设计并测试　工作模式能否支持技术转型

——框架：技术对就业的影响
——洞见：澳大利亚新南威尔士州公共服务委员

会、IBM、塔塔咨询服务公司和微软
——行动清单 11

03 设计并测试 工作模式能否体现公平性和公正性

——洞见：英国生命保险公司和阿尔忒弥斯公司
——行动清单 12

重新设计工作需要适应未来

在我支持或观察过的大多数重新设计工作的公司中，它们的一个核心目标是让员工充分成长。因为它们是针对未来设计工作的，所以必须确保工作模式经得起未来的检验。要想做到这一点，就需要了解员工、工作和技术在短期以及中期可能发生的变化。

重新设计工作是否考虑到未来人口结构的变化

当考虑员工的类型和所在位置时，不要认为事情是静止不变的——我们需要考虑平均年龄和人口规模的重大转变。这些转变之所以发生，是因为人们的寿命逐渐增加，生育的孩子逐渐减少。

最简单的理解就是，人活得越久，孩子越少，人口老龄化越严重，人口减少的速度就越快。相反，人的寿命越长，孩子越多，人口规模就会越庞大，人口也就越年轻。让我们来看看以下三个国家——日本、中国和尼日利亚——2050年的人口状况预测，以便理解重新设计工作需要考虑什么。[1]

日本——2050年平均年龄为53岁，人口减少

在日本，人口结构变化通常会成为头条新闻——现在出生的50%的婴儿中，预计寿命最长可达107岁，2021年日本平均每个家庭孕育1.34个孩子，东京低于平均水平，为1.13个。2020年日本人口平均年龄为46岁，到2050年，这一数据会变为53岁，人口规模将从2004年的1.28亿下降到2050年的1.09亿，到2100年则下降为8450万。

中国——2050年平均年龄为48岁，人口减少

在中国，2020年人口平均年龄为37岁，到2050年达到48岁。预计到2050年中国的人口数量将下降到不足11亿。

放眼全世界，目前每12人中就有一个超过65岁。到2050年，中国每6人中将有一个超过65岁，而日本将有1/5的人超过80岁。在美国，到2030年，婴儿潮一代陆续退休，16岁至24岁的人口数量预计将下降10%。

全球人口结构转变会对重新设计工作产生什么影响呢？当

然，这意味着人们不能再对50岁以上的人产生刻板印象，就现在而言，50岁以上的人口已经占据相当大的比重。在人口缩减的发达国家（例如美国和日本），对技术人才的争夺将会加剧。因此，决定权将从雇主转移到员工身上，这对员工来说是一大优势，例如员工可以提出灵活性要求。此外，随着一些国家人口的减少，将其他国家视为人才库也是有一定意义的。

紧缺人才的来源可能在哪里？事实证明，人口结构变化不仅是老龄化和人口减少造成的，也跟青年人口的增长有关，并将不可避免地造成国家之间出现更大的差异。

尼日利亚——2050年平均年龄为22岁，人口增长快速

尼日利亚的人口状况与日本和中国刚好相反。这是因为尼日利亚的人均寿命增长，婴儿死亡率下降，并且家庭规模仍然庞大，每个家庭平均拥有5个孩子，这一数量大大多于世界上大多数国家。1950年尼日利亚人口为3 800万，2021年增长到2.13亿，预计2030年为2.63亿，2050年则为4.01亿。届时，尼日利亚将成为世界上人口数量位居第三的国家。拉各斯将成为一个拥有2 400多万人口的城市，跻身世界十大特大城市之列。而且，值得注意的是，与日本和中国的人口老龄化相比，2021年尼日利亚近一半的人口在15岁以下，只有3%的人口在65岁以上。到2050年，该国年龄中位数将达到22岁。当我们考虑重新设计工作时，不要忘记这是一个巨大的年轻人才库。

这些人口结构的转变对重新设计工作提出了深刻的问题。对日本和中国等国家而言，意味着人们需要工作到六七十岁。在尼日利亚等国家，工作的重点将会放在教育和为青年提供就业上。从人才库的角度来看，这意味着要正视一些国家可能存在技能短缺的问题。

重新设计工作能否帮助60多岁甚至更年长的人持续成长

关于工作模式的设计，有两个棘手的问题摆在面前：你是否对年龄和生产力存在刻板印象，并因此令60岁以上的人失去机会？重新设计工作时，你是否过于关注二三十岁人群的需求，却忽略了50多岁的人群？

我们往往认为衰老意味着身体和认知能力迅速衰退。然而，正如我的同事安德鲁·斯科特所阐释的，寿命的延长意味着人们将有更多产、更健康的老年岁月。[2] 因为虽然发病期（去世前生病的时间段）没有减少，但随着寿命的延长，这一时间段在整个生命周期中所占的比例越来越小。那么结果就是，当寿命延长时，人们可以工作的时间也会增加。

此外，时间的流逝也给我们带来了发展晶体智力的机会。晶体智力是随着时间积累起来的见解、人际网络、知识、智慧和策略。它不同于流体智力，后者包括信息处理、记忆和演绎推理。在人的一生中，心理技能的相对优势似乎是持续波动的。

十几岁的时候，我们可能在计算数据和构建模式方面反应迅速；三十多岁的时候，我们的短期记忆可能达到顶峰；四五十岁的时候，我们对社会的理解达到顶峰。哈佛医学院的劳拉·杰明和波士顿学院的约书亚·哈茨霍恩这样说:"在任何给定的年龄,你可能在一些事情上做得更好,在一些事情上变得更差,在另一些事情上处于巅峰。但是,你不可能在任何事情上都处于巅峰。"3

因此一些公司发现,当涉及工作设计时,新老结合可能是最有成效的。此外,年长一些的员工可以分享他们的晶体智力、智慧和专业知识,从而发挥重要作用。这在缺乏技术熟练的年轻人的行业尤为重要。

洞见:威瑞森公司如何支持拥有"传统技能"的老员工

技能短缺是美国电信公司威瑞森面临的挑战。该公司的现场技术人员需要同时掌握新技能(如光纤)和传统技能(如铜线连接)。这些旧系统的使用将减少,但在它们完全过时之前仍将有一段漫长的过渡期。

威瑞森公司的全球学习和发展主管迈克尔·桑德曼向我解释了他们是如何充分利用"传统技能"的。该公司设计了一些工作,以便识别和联系那些精通传统技能的老员工。一些人目前在职,另一些人则已经退休了。当现场技术人员遇到不熟悉的旧系统问题时,这些技术专家会进入项目,为前者提供重要的支持和指导。

这种支持包含多种形式。在某些情况下,专家前往现场与技术人员合作,但并非所有现场工程师都有专家到场指导,因此,即使在疫情暴发之前,两者之间的联系往往也是虚拟居多。虽然正常的虚拟通信(如电话、电子邮件和短信)发挥了作用,但在某些情况下,专家需要了解现场工程师正在查看的内容。迈克尔解释说，他和他的团队与一些增强现实技术公司合作，开发新的设备和软件工具，通过收集一系列视觉数据来为交流做补充。为实现这一目标，一些现场技术人员配备了增强现实眼镜，使坐在办公室的专家能够分析现场技术人员所见的内容，并实时与他们讨论解决方案。

> **威瑞森公司——值得反思的问题**
>
> 你的员工在 5 年、10 年、15 年后分别达到什么年龄？当你审视当前和未来的工作时，是否有需要"传统技能"的工作？你知道这些工作出现在哪里吗？这种工作模式能激励和留住老员工吗？

重新设计工作是否为多阶段人生这一未来重要趋势做好了准备

寿命的延长不仅带来了针对老年人的设计问题，也越来越多地影响着人们在整个职业生涯中做出的选择。

这是因为随着寿命的延长，职业生涯起起伏伏，自然会发生变化。传统的教育、工作和退休这三个阶段变成了一个更类似于图 12 所示的多阶段人生。从根本上讲，多阶段人生更加具有灵活性和独特性。

不受上述三个阶段的限制，额外的阶段自然会出现，职业生涯周期将呈现更自由流动的路径。多阶段人生带来的挑战实际上也是人生奇迹，表明有诸多可供选择的道路。每个阶段不再被单一年龄段的人所占据。如果你25岁，可能正好想要抽出时间去探索世界，你也可能在45岁或65岁时依然有机会探索一番。同样，你可能25岁时在校园读书，也可能30岁或50岁时才去读书。

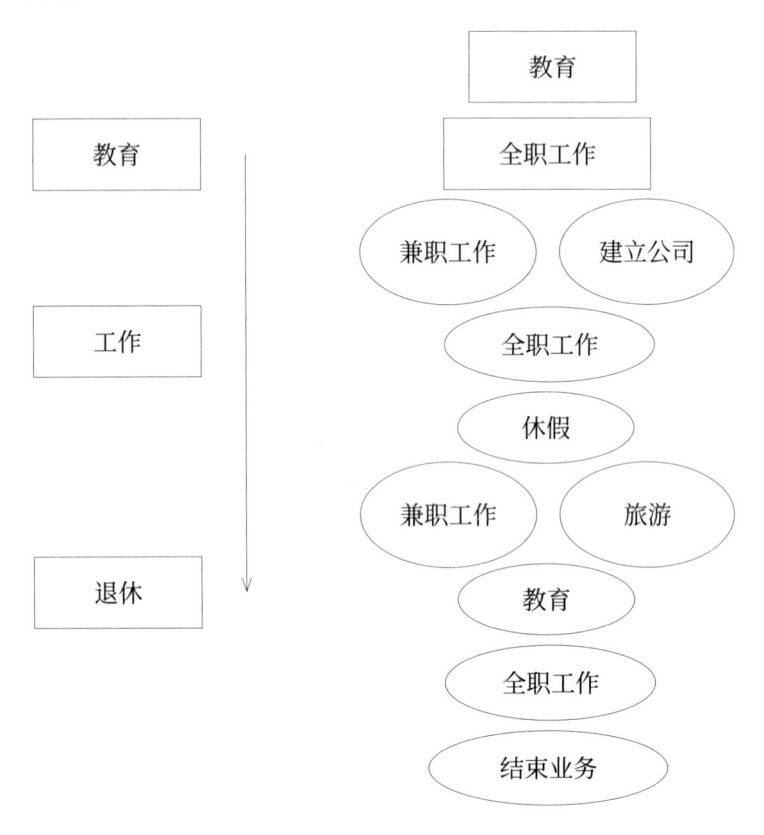

图12 框架：多阶段人生

这些多阶段自由流动的人生道路不可避免地在各个阶段之间存在更多的过渡。传统的三阶段人生只有两个过渡阶段——从教育到工作，从工作到退休。重要的是，在这些阶段中，我们与其他年龄相仿的人步调一致：十几岁或二十岁出头的人从教育过渡到工作，六十多岁的人从工作过渡到退休。当人们与其他人步调一致时，就没有什么理由去培养个人能动性或自我洞察力。我们可以简单地看看周围的人在做什么，然后跟随他们的脚步就好。

随着越来越多的人过渡到多阶段人生，他们将不可避免地拥有更大的个人能动性。通过对自己的人生道路做出选择，他们一定会在工作和生活中变得更加精通且自洽。最初可能是一些社会先驱者这样做，例如六十多岁的人开始自己创业或环游世界，但现在这种情况变得越来越普遍和寻常。

有才能的人是否愿意在他们的多阶段职业生涯中多次入职，而不仅仅是作为应届毕业生加入？当他们和你一起工作时，你是否坚持让他们作为全职员工来工作，结果减少了灵活性？你是否考虑更加灵活的安排，让最有才能的员工可以建立包含各种工作行为的组合（这些行为包括自己创业、在非营利组织工作或学习一项新技能）？

随着工作和生活不可避免地从三阶段转变为多阶段，你的工作模式将如何对人们不断变化的期待和愿望予以认可和支持？让我们一起仔细看看联合利华、开放银行和CPP投资公司的高管团队是如何建立灵活的工作方式的，对一些员工而言，这种灵活的方式既有益，又有吸引力。

洞见：联合利华是如何打造经得起未来考验的"第三条道路"的

联合利华的莫拉格·利纳格和普拉西德·若维尔从2017年开始研究灵活性议题。莫拉格是该公司的全球未来工作总监，而普拉西德是拉丁美洲人力资源副总裁，领导着该公司的全球新就业模式相关事项，他们共同决定要创建他们所说的"第三条道路"。正如普拉西德在蒙得维的亚向我解释的，"为了应对一个缺乏灵活性的世界，我们的梦想是增加获得市场需求技能的机会，并为资源选择带来更大的灵活度。为达成这一目标，我们希望能够更长久地吸引和留住员工"。

整个生命周期的灵活性

他们的部分关注点是生命周期事件，其中一个突出的群体是55岁以上的人。正如莫拉格解释的那样，"让55岁或60岁的人坐在替补席上感觉不太合适，我们真的需要他们的洞察力和智慧"。然而，数据分析显示，这种灵活性不仅对老一代人很重要，对其他年龄段的人也非常重要。事实上，他们意识到，处于人生任何阶段的人都可以重视灵活性。正如普拉西德所描述的：

有诸多原因让我们意识到灵活性对人们来说很有价值。以年轻的毕业生为例，他们想要与公司建立联系，但他们也有很强的动力获得收入，支撑他们去探索世界。30多岁的人想要开创副业，有人想和我们一起工作，也有人想去规模更小的专业组织学习。

在思考这些类型的人物角色时，他们意识到灵活性和个性化将是解决不同需求的方法。普拉西德再次谈道：

对此，最基本的是，我们需要创造一种新型的雇佣模式——开拓"第三条道路"。我们希望填补全职员工与第三方组织的承包商或代理人之间的空白。我们希望从"拥有"人才转向"获得"人才，而新的雇佣模式使我们能够达成这一目标。

U 型工作模式

因此，英国有些高管团队开始试验这种模式。他们发现了开启并创造更多个性化就业选择的机会，员工可以从一年工作 52 周转向适合他们生活节奏的项目。在这种被称为 U 型工作的模式中，员工每月收到一笔预付金，并赚取任务工资。这种灵活就业模式的一个关键部分是提供养老金、医疗保险以及获取联合利华在线学习资源的机会。

莫拉格和普拉西德描述了 U 型工作模式在联合利华的三名员工——亚当、罗伊和苏珊娜——的生活中实际发挥的作用。

亚当刚刚完成了联合利华供应链领域的未来领袖项目，他想把工作和旅行结合起来。他报名参加了 U 型工作计划，加入全球冰激凌供应商，全职提供为期 6 个月的项目支持。在此职位上，他专注于研究一个新项目的可行性，并绘制了一幅利益相关者地图。这种工作设计带来了亚当希望的灵活性，这对管理者来说同样很有效，他不想雇一个固定员工，但需要快速增加技能和专业知识。相比于使用外部自由职业者，这种设计的真正益处是亚当了解联合利华及其文化，他拥有至关重要的内部人际网络，并可以立即投入工作。

罗伊是一位在联合利华工作超过45年的制造经理。他还没有准备好全职退休，他的经理也担心失去了罗伊的专业知识可能对公司是个损失。所以他成为商业领导者的绩效导师，每周在现场工作2天，已经持续了2个月。

苏珊娜是一名训练有素的律师，她想要一种组合式生活，能一边照顾孩子，一边在一家律师公司兼职。因此，她一边与联合利华法律团队合作，一边为一家刚刚起步的媒体公司提供法律咨询。这样的好处是苏珊娜能够立即接手一个项目，同时在一个新的领域发挥她的专业技能。对于联合利华的经理来说，此举的好处是拥有一个值得信赖、了解业务的人，而且很重要的是，苏珊娜不需要担心工作量或订单。

到2021年第一季度，U型工作模式已经出现在英国、墨西哥、阿根廷和菲律宾，出于各种原因被人们普遍接受。基层负责人的反馈是，他们能很快找到那些拥有关键技能的人。有趣的是，加入U型工作计划的人都没再回归之前的雇佣模式。

2021年夏天，我询问莫拉格和普拉西德U型工作模式进展如何，以及他们从中学到了什么。他们在越来越多的市场加入进来的情况下得出了一些重要结论。首先，他们发现选择这种工作模式的人往往是那些善于构建人际网络，并且赢得了强大且可信的声誉的人。其次，随着该计划的发展，莫拉格和普拉西德意识到他们需要创造一个新的职位"联系者"，作为经理人，通过在管理者的需求和员工的能力之间建立联系来支持 U 型工作者。再次，这种灵活的模式在工作可以分解成单个项目和任务的情况下效果最佳，U 型工作者可以轻松地完成任务。最后，U 型工作模式并不适合所有人——根据他们的计算，只有 2% 至 4% 的劳动者会对这一选择感兴趣。但对于大约 15 万名员工来说，这仍然是一个大约 4 000 人体量的庞大群体。

摩根和普拉西德目前正将目光投向其他"第三条道路"的就业模式。正如他们所说，"一旦我们破解了密码，我们就可以开拓新模式。我们现在正在考虑如何能够支持毕业生和更广泛的人群带薪休假。这是一个在重新设计雇佣合同时体现创意的真正机会"。

> **联合利华——值得反思的问题**
>
> 当你审视当前和未来的劳动力时，是否有证据表明，更多有才能、有价值的员工期望灵活性？工作模式是否考虑到弹性选择？基于这一点思考，U 型工作模式是否适用？

洞见：开放银行如何通过工作分担为未来做好准备

订立可以创造"第三条道路"的雇佣合同是联合利华团队所面临的创意挑战的一部分。而另一种设想是考虑保留一个固定的职位，但是这一职位由两位员工共同分担，他们共同创造一种满足客户和项目连续性需求的工作方式。这种方式对于那些更难填补的、需要连续性的、不容易被分割成可以由兼职人员或 U 型工作者独立执行的项目的职位特别有意义。

工作分担正是谢勒·福克斯和尼古拉·约翰逊·马歇尔在开放银行采用的工作模式。开放银行构建了软件标准和行业指导方针，推动提升了英国零售银行业的竞争性、创新性和透明度。[4] 起初，尼古拉是一名负责对外通信的兼职承包商。当工作量增加时，高管团队决定提供职位共享这一选项，并聘请谢勒作为外部沟通联席主管加入团队。

职位共享所带来的灵活性对双方都很重要：尼古拉得以创立一家专业咨询公司，谢勒则有机会撰写一本书。正如谢勒所说："我们绝对是开放银行中积极向上的沟通团队，因为员工在工作和生活之间取得了平衡。有多少人最终因为精疲力竭而不得不辞职休息或者休长假？"他们还发现，面对工作挑战，职位共享带来的不是一个人的经验、人脉和思维方式，而是两种视角。谢勒说道：

> 你们可以互相学习，很多时候尼古拉斯会学到一些内容，她会采取一些措施让事态变得更好。我实际上会想，"哦，这是我没有想到的"。因此，对于一家公司来说，你会获得双倍的人才、双倍的能力和双倍的经验。

对生产力的积极影响

越来越多的证据表明，职位分担对生产力和幸福感有积极影响。虽然任何工作分担都需要一定时间才能进入最佳状态，但从长远来看，这样可以取得更大的成就。英国的一项研究估算，与传统角色相比，参与职位分担者的生产力提高了30%。[5] 来自英国行政机构的数据还表明，在30多万名员工中，大约有1 000名职位分担者，这些人的幸福感会高出11%（高于其他任何群体，包括兼职员工、全职员工和合同工）。[6]

这种生产力提高的基础是什么？这是我向科技平台角色共享公司的联合首席执行官索菲·斯莫尔伍德和戴夫·斯莫尔伍德提出的问题。角色共享公司是一家为专业人士寻找共同求职机会的公司。正如该公司所讲的：

> 当然，拥有不同的技能和人际网络，以及在工作之外仍有作为，对员工来讲是一种真正的提升。搭伴学习也能提高工作效率。这就像拥有一位私人教练，同时存在来自同伴的适当压力，因为你知道自己正在把工作交给别人。用体育运动领域的比喻来说，他们在比赛中传递接力棒，想要拿出最好的表现。另外，他们不会像全职员工那样在周中休息，而是非常专注于三个工作日。这不仅仅是一份雇佣合同，更是一份社会契约——你不想丢掉接力棒而导致另一个人失望。

> **开放银行——值得反思的问题**
>
> 目前在你的公司里有没有工作分担的例子？我们从中吸取了什么经验？这种方式是否适合进一步推广？如果没有这样的先例，将是一个有趣的试验。

洞见：为什么 CPP 投资公司允许人们"在任何地方工作 3 个月"

回想一下，在 CPP 投资公司，正如达里奥·科莎向我解释的，"投资者的视野专注于未来 25 年"，这种长期关切隐含在对重新设计工作的态度中。"我们追求的是'黄金模式'，我们不想成为一个剥削和消耗员工的地方，我们希望让同事们保持专注力、积极性和平衡性。"

CPP 投资公司对那些非常有才华且重视灵活性的人特别感兴趣。让我们仔细观察他们是如何追求这种"黄金模式"的。在疫情暴发之前，高管团队正在建立一种工作模式，这种工作模式传递的信息是"你们长期在这里工作"。这种长期关切与基金管理策略相呼应。正如达里奥所说，"我们不是为了让一群人变得富有，我们是在对超过 2 000 万加拿大人的资金进行投资，并帮助他们获得退休保障"。

从长期角度培养员工的能力、提升员工参与度的做法反映了这一企业目标。为鼓励员工长期表现出敬业精神，该团队已经进行了一些试验。例如，他们推出了一个休假计划，让拥有 5 年工作经验的员工可以选择至少休假 3 个月，让他们有机会去追求其他热爱的事物或兴趣，无论是学习一门新语言，还是与家人共度时光，他们还可以申请长达一年的无薪休假。这个计划很重要，达里奥这样说道：

我们的员工真的富有动力且工作努力，他们把很多时间花在了工作上。我们不想让他们精疲力竭，觉得唯一的出路就是放弃。

我们希望为同事们提供一种让他们在职业生涯中或工作活动之余休息一下的方式。重要的是，我们为员工提供机会使他们全面发展，如果他们愿意，也可以找到其他方式与世界互动。

随着疫情的发展，高管团队有机会围绕工作设计的其他方面来进行学习和创新。HSM咨询公司在其中的一些活动中为设计团队提供了支持。与许多跨国公司一样，在疫情防控期间，一部分员工被困在远离办公室的地方。例如，有一位员工一直在韩国探亲，这意味着他当时无法回国。鉴于这些经历，该公司的支援团队开始提出这样的问题："如果你是一名外国人，碰巧要去探亲，在保持合规性且降低风险的前提下，你是否可以远程工作？"我们如何确保业务的连续性？正如达里奥所反馈的那样，"回顾2020—2021年，我们的投资回报率非常好，我们完成了重要的交易，我们仍然能够积极地寻找投资机会，从购买过桥资金到交易公共证券。在疫情防控期间，基金公布了有史以来最高的年回报率——20.4%"。

为了充分理解设计工作的可能性，达里奥和同事们组建了一个跨职能的设计团队，团队中包括交通专家、税务顾问和法律专家。他们很快就把注意力集中在疫情防控期间公司成功的关键方面，即公司对技术平台的投资以及公司许多职位具备的特点。

就前文描述的四个要素而言，CPP投资公司许多的核心工作内容是关于专注力和协同性的，即专注于个人思考、分析和撰写能力，并在构思和交流方面与他人协同。正如该团队在疫情防控期间学到的那样，使用恰当的通信工具就可以远程模拟大部分工作情况。该公司在云技术平台（如企业信息门户 SharePoint）上的大量投资提高了远程模拟的能力。在疫情暴发之前，SharePoint 就能使员工以高效、快速和安全的方式访问系统。重要的是，这些安全平台还能让员工远程访问对工作非常关键的高度敏感的商业材料。

因此，疫情防控期间人们居家办公的情形给了设计团队一个评估相关可能性的机会。我们可以从中学到的是，对于那些需要专注力的工作来说，离开繁忙的办公室是提高生产力的一种方式。正如达里奥所说，

> 我们发现当人们身处办公室的时候，每隔两分钟就会有同事过来问："嘿，我们能完成这个吗？"或者"你觉得那个怎么样？"

如果个人能够以一种尽量减少干扰的方式管理好为其量身定制的工作环境，那么远程办公就是有益处的。

当研究参与度和生产力数据时，设计团队意识到只要人们能够集中注意力并使用技术平台进行协同，那么工作地点就不那么重要了。设计团队的想法是，如果有些人可以居家办公，那么从逻辑上讲，他们就可以在任何地方工作，所以设计团队开始尝试"允许人们在任何地方工作3个月"这一想法。

这不是一个简单的模式——围绕着移民、公司、个人税收以及福利（例如，在涉及疾病或死亡时）如何发挥作用涌现出许多问题。CPP 投资公司面临的挑战是，如何在不引发风险和合规问题的前提下创建这些选项。所以设计团队开始与高层高管团队讨

论可能的合同条款、这一模式对留存率的影响以及可能面临的权衡取舍。

他们开始对这些选择建模,详细研究不同的地点,并确定他们所谓的"辖区配对"。举个例子,如果一个人受雇于某个国家的企业,哪些辖区可能有相对明确的规则以便管控风险和复杂情况,从而在该辖区安排灵活的工作地点?符合条件的国家被称为"第一梯队"国家,大约有20个。设计团队接着确定了"第二梯队",包括提供游民签证的国家,这是一种方便非公民在这些国家远程工作的方式。

与公司宗旨保持一致

对于CPP投资公司的团队来说,将这些灵活的实践与公司的宗旨联系起来是非常重要的。因为这样的联系符合公司长期投资的目标,所以此举给员工提供了真正的动力。例如,对一家员工预计在职时间只有几年的公司,允许员工每年在任何地方工作3个月确实会成为一种干扰因素,但如果他们想要在公司工作更长的时间,正如达里奥告诉我的那样,"在整个职业生涯中,这只是占比很小的一部分"。设计团队也了解到,就像联合利华的团队一样,这些灵活选项可能会很复杂,并且需要专业的技能进行进一步设计。对于CPP投资公司,则意味着税务咨询、技术和移动通信专家的参与。

我询问奥利弗·费里曼我们从中学到了什么。费里曼负责这个项目,他总结了三点收获:

首先，显而易见的是，实施这一项目"恰逢其时"，员工对弹性工作制的切实需求是巨大的。其次，我们看到文化才是关键，这是一个真正提升员工信任度和灵活性的机会。再次，我们看到每个人都是尽责的，即我们需要理解责任分散的重要性，表明公司中的每个人都在一起学习并推动试验，而不是由领导者独自承担责任。人们带着一种互惠的责任感来设计调查并进行研讨，绝大多数人都承认这种灵活模式是由个人和团队双向推动的。

> **CPP 投资公司——值得反思的问题**
>
> 你认为有多少高价值员工在他们工作地点以外的其他地区有家庭或住所？这个群体的数量庞大吗？如果数量庞大，给他们提供一个在其他国家生活或休假的机会能够有效激励他们吗？当你思考如何以最佳方式实现这一目标时，考虑一下谁需要参与其中以及你可能面对的复杂情况。

行动清单 10
工作模式能否适应未来

◎ 你设计的工作模式是否考虑到可能有更多 50 岁以上的人仍在工作？你是否确保了在工作设计中考虑到年长员工的晶体智力？

◎ 你是否考虑到人们的生活是多阶段的？进入公司的门槛是否过于严格？你是否应该重新设计工作，允许工作更多基于项目来实现灵活性？

◎ 公司业务所在国和将要开拓业务国家的人口结构变化在短期和中期会产生什么影响？是否有地方会发生人口减少导致技术人员短缺的情况？如何以最佳方式将人口因素纳入工作设计的考量，你是否需要以更具创意的方式考虑其他人才库。

◎ 审视手头上支持工作灵活性的流程，例如不同的雇佣模式、工作分担模式、休假方式和在其他地点工作的时间。考虑这些是否符合你的公司目标以及是否符合公司吸引和留住人才的策略。

工作模式需要支持技术转型

疫情的惊人影响之一是数字技术的加速发展，而且，疫情在很大程度上迅速推动了新技术在更大范围内的普遍应用。在自动化和机器运用的背景下，虽然这一领域的认知工作将有重大推进，但最终机器的使用还是集中在算法和相关性上。机器不会专注于人类的长期想象力，而长期的想象力对某些工作来说至关重要。然而，正如我们在第二章看到的，即使有限地使用机器，技术发展也一定会重新塑造人们对工作的期望。面对这种加速的自动化，人们将不可避免地担心失业,这种担忧会激励人们要么提高自己的工作技能,要么重新学习新的技能。

你对工作的重新设计将不可避免地包含许多数字化和自动化的元素。所以,当你开始构建工作模式并进行检验时,能在多大程度上充分利用这些技术转型将是一个需要考虑的因素。这里,我们首先观察一下员工对工作自动化的体验以及自动化的路径是如何被描述的。接下来,我们考虑机器对工作影响的通用模式,然后仔细研究如何发展机器无法获得的技能,即专属于人类的技能,例如同理心和判断力。最后,我们将更密切地关注公司采取哪些措施支持这种技能的发展和转换。

员工如何体验工作自动化

大多数员工都知道自动化将对他们的工作产生深远的影响。的确,正如普华永道会计师事务所欧洲人力资源主管彼得·布朗在2021年3月与我分享的,根据普华永道对普通员工的调查,40%的受访者认为自己的工作将在5年内过时。与此同时,40%的受访者表示,他们在过去一年提高了数字化技能,80%的人相信他们能够适应这个新世界。对于普华永道的高管团队来说,这种个人能动性和掌控感非常棒,但并非所有员工都有同样的感觉。其他调查显示,超过60%的员工担心他们的工作被淘汰,但他们还没有适应新的技能。[7]

个人能动性和潜在焦虑这两个方面都会在重新设计的工作模式能否打动员工方面发挥决定性作用。纵观所有工作,据计算,

60% 的工作中三分之一的任务可以被自动化取代。对许多员工来说，这是他们工作性质的重大变化。[8]

你想要重新设计工作，以便员工将来能够茁壮成长，我们知道当人们对自己适应这个新世界的能力充满信心，特别是对自己能够与机器共同工作充满信心时，他们就会茁壮成长。他们会相信，如果部分工作实现了自动化，他们可以提高技能，从而完成剩下的更复杂的任务，或者去重新学习技能，进而换一份完全不同的工作。对自动化的速度和趋势感到焦虑的人，会更加难以学习和适应。

为了对工作的重新设计保持乐观和自信，员工需要了解自己的工作可能的自动化途径。他们还需要确信自己有机会和能力构建这些自动化途径所需要的新能力。

这就是为什么一些高管团队投入资源来分析和理解自动化途径的原因，然后这些高管团队就此与员工沟通，以便员工可以拟定策略、指导行动。澳大利亚一个州政府的做法就是很好的例子。

洞见：新南威尔士州公共服务委员会如何理解自动化途径

正如新南威尔士州公共服务委员会副委员长克里斯·兰姆告诉我的，了解未来十年工作的变化趋势，并通过潜在途径为员工提供支持是该委员会活动的重点。该委员会在全州范围内雇了约 40 万人从事交通、教育和医疗等工作，为该州约 10% 的劳动力人口提供了工作。这意味着这一组织对社区也有重大影响。

为了更深入了解工作会如何变化，委员会从 2019 年开始与

一个专业数据分析小组合作,深入研究有关任务和技能的数据。克里斯解释道:

> 我们知道,了解现有劳动力在未来十年的变化趋势是非常重要的。我们研究了任务和技术水平,想明确哪些工作将被自动化取代,哪些工作将会强化发展,哪些工作将被创造出来。我们还想了解工作在多大程度上可以远程完成。因为作为一个州政府,我们希望关注整个地区,而不仅仅是悉尼、伍伦贡和纽卡斯尔等主要城市。

通过一系列概率分析,该团队预测这40万个工作岗位中约有4.2万个岗位将被强化提升,1.5万个岗位将完全被自动化取代,同时还将创造9 500个新的工作岗位——增加的岗位主要是为技术熟练的数据科学家提供的。

随着未来的工作分析数据变得更加清晰,这些数据被政府部门共享。这让每个部门都有机会深入挖掘自己的数据库,并用得出的观点来支撑长期规划和资源分配。

塑造新的工作方式

了解未来十年工作将如何变化,让部门能够根据这些预测检验当前的工作模式。有些人以此为契机,对工作设计做出了大胆的战略选择。负责运输业务的部门已经意识到自动驾驶列车和卡车将对整个州的交通服务产生重大影响。当他们把预测到的未来自动化路径及其对未来技能的可能影响放在一起时，他们发现该州三大交通系统（铁路、公共汽车和渡轮）所需技能有着显著的相似性。

这些分析使该部门的高管团队能够在未来劳动力和工作方式的模型设计中做出大胆的战略决策。他们决定不再继续采用传统的三条业务线，而是围绕客户体验和客户旅程重新调整未来的工作结构和技术。

高管团队用从数据分析中获得的洞见举办了一系列研讨会并与员工对话，讨论他们的工作如何变化，未来可能会有何种变化，以及会提供哪些学习资源指导员工。从最初的数据分析开始，公司开始建立起许多试点来支持员工完成工作变革之旅。例如，其中一个设计团队与一家擅长开发学习体验平台的外部学习公司建立了合作关系。他们能够一起从工作数据中分析出未来所需的最有价值的技能，以确保学习资源被运用到正确的方向上。克里斯告诉我：

我们对500名员工进行了试验，发现如果他们想要学习内容，那么很多人会用谷歌去搜索。因为我们的学习平台是基于谷歌浏览器的，所以我们能够鼓励员工使用我们的学习材料，而不使用油管上泛泛的材料。这意味着我们可以建立起一个更强大的学习社区，在那里，大家都能获得类似的学习材料。

设计团队还开始试行一系列举措，以提高那些非常重要的数字化技能。他们从最初的职位分析中了解到，许多增强型职位需要数字化能力,而许多新职位将拥有重要的数字化元素。因此,另一组试点试验的是如何以最佳方式构建这些有价值但难以习得的数字化技能。

该团队首先为数据科学家们开发了一个能力框架,然后从毕业生加入公司开始,为他们设计新的职业道路。他们还密切关注如何留住员工。正如克里斯所说,"我们深知我们面临的挑战是留住那些一旦提升了能力,就会很快被咨询公司挖走的数据科学家。所以,我们必须让组织内部的员工更有理由留下来"。克里斯和他的团队已经确定了两个重要的领域:

(澳大利亚)政府正在处理一些最复杂和最重大的问题,所以我们希望确保人们意识到这一点,并对这些可能性感到兴奋。但原因不止于此。很多人加入政府是因为他们有使命感和为社区服务的意识,所以我们要确保在重新设计工作时,能继续建立这种使命感和社区意识。

振兴社区

委员会加强这种使命感的方法之一,是利用居家办公来振兴主要城市的社区。正如克里斯所说,

我们的数据分析显示,理论上有些工作可以在办公室之外的地方完成。疫情的集体经历告诉我们,这种情况实际上是可行的。目前人们的心态已经转变为习惯了居家办公。我们采取的方法是将原

先位于总部的工作定位为与工作地点无关的职能。但是，这并不意味着人们可以住在巴巴多斯或斐济。作为一项公共服务内容，非常重要的一点是，我们的员工是他们所服务社区的一部分并在该州纳税。我们希望以此为契机，继续在巴瑟斯特和奥兰治等地区进行投资，其中一些城市距离悉尼超过 800 千米。重要的是，这不仅仅是行政职位的转移，我们还希望能将领导者的职位一并转移。我们认为这是激活社区的真正机会，即当一个地方城镇成为政府雇员工作地时，它就会吸引人才，进而当地企业也会繁荣发展。我们认为这是一个对发展非常有利的因素。

> **新南威尔士州公共服务委员会——值得反思的问题**
>
> 思考一下你对企业中关键工作的自动化途径了解多少。是否值得像新南威尔士州公共服务委员会那样，在分析领域进行投资，更细致地研究这一问题？如果你明晰这些分析方法，是否可以使用这些方法来检验你的工作模式？

构建自动化对工作的影响

当你对重新设计工作进行模式检验时，需要像克里斯·兰姆和他的团队一样，将机器对工作的影响考虑在内。麻省理工学院经济学家大卫·奥特尔是未来工作研究所的共同负责人，他提出了如图 13 所示的框架。[9]

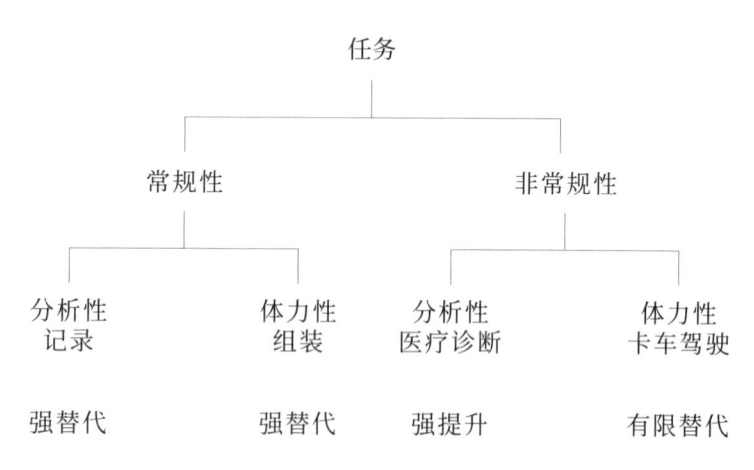

```
                            任务
                    ┌────────┴────────┐
                  常规性              非常规性
              ┌─────┴─────┐       ┌─────┴─────┐
           分析性        体力性   分析性        体力性
           记录         组装     医疗诊断       卡车驾驶

           强替代        强替代    强提升        有限替代
```

图 13 框架：预测机器对工作的影响

下面是该框架显示的内容。它首先对工作所包含的任务进行了分析（回想一下第二章所述内容，大部分工作大约有 30 个任务）。接下来，根据这些任务是常规性还是非常规性进行分类考量。高度常规化的任务是那些可以很容易地撰写在员工手册上，按照指示执行，并且总是以类似的方式执行的任务。英国电信公司呼叫中心工作人员的工作就是高度常规化的工作。就其知识构成而言，此类任务往往具有大量与之相关的显性知识。

非常规任务复杂性更高，而且每个任务各不相同。CPP 投资公司分析工作中的一些任务是非常规的，因为当对一项重大投资可能的收入途径进行测试时，不同公司的结果是不同的，因此必须分别判断。这类任务往往有很大一部分由与之相关的隐性知识构成。

正如纲要所示，这些常规和非常规任务还可以根据分析性还是体力性进一步划分。分析性任务是指那些需要认知功能的任务，如解决问题或分析数据；体力性任务则是指需要某种形式的体力活动的任务。

新南威尔士州公共服务委员会的设计团队正是利用这种模型来预测自动化的可能路径。让我们仔细查看一下四种可能的结果和自动化的预测路径。

常规性／分析性——强替代

在许多常规任务中，机器（包括人工智能和机器人）可以，而且在某些情况下已经取代了人类。对于记录保存、计算和重复的客户服务等分析性任务来说，情况确实如此。

常规性／体力性——强替代

机器对人类的替代在体力性任务中也很重要，比如采摘、分拣或重复的组装任务。然而，虽然机器可以执行其中一些体力性任务，但仍有许多任务是它们无法完成的。这是因为尽管机器已经有很多进步，但机器人根本不会拥有像人类工人那样的灵活性和敏捷性。像所有机器一样，机器人从数据和重复中学习，这就造成了机器人非常擅长某项任务，但也仅限于擅长这一项任务。正如麻省理工学院一份关于自动化的报告所解释的，一个经过微调的机器人可以抓取一个光滑的甜甜圈，并小心地把它放在一个盒子里，而且甜甜圈的外表不会被破坏，但这个机器人在这一微调配置下只能抓取甜甜圈,而无法抓取芦笋或汽车轮胎等其他事物。[10]

此外,这些机器价格昂贵,因此人们往往在劳动力成本高的国家(如韩国和日本),或者工作特别复杂和需要熟练度的地方使用它。不可避免的是,这种成本和所需的专业操作知识将减慢机器人得到广泛应用的速度。

非常规性/分析性——强提升

机器对非常规性任务的影响是非常有趣的。对于非常规性的分析任务,如做出假设、医学诊断、说服他人和销售商品,人与机器的结合显著造就了能力提升。在这些领域,人类的技能通过机器数据、模拟物和信息得到了提升。在CPP投资公司的工作中,那些从事商业案例分析的人,正在利用复杂的自动化建模来提供基础数据。和许多职业一样,这些都是人类和机器协同进行的工作。在第五章中,我们将仔细研究IBM是如何通过设计和部署一系列程序来提供及时的行为推动,从而支持管理人员的工作的。例如,机器会提醒经理是时候和团队成员谈话了,或者通过核对清单提供即时指导,进而告知经理如何最好地完成这项任务。

非常规性/体力性——有限替代

这些任务,如清洁服务或驾驶卡车,可能会受到地板清洁机器人或无人驾驶卡车等的影响。但这仍然是相对有限的替代,因为有许多活动对机器来说仍然非常困难，如上下楼梯或在拥挤的城镇中心导航。

正如麻省理工学院的报告所述："技术总是会取代一些工作，创造出新的工作，并改变其他工作。问题是随着机器人和人工智能在工厂车间和办公室迅速取代人类，这一次情况会有所不同。"[11] 结论是变革更多是渐进的而不是革命性的。当你重新设计工作时，这种观点尤为重要。这种演变会是怎样的呢？"我们预计，在未来20年里工业化国家的职位空缺将超过能够填补这些空缺的工人人数。"这种技能短缺很容易使你重新设计的工作模式脱轨。只有当员工有动力并且能够完成这项工作时，工作才能被重新设计。你怎样才能确保这一目标呢？

正如新南威尔士州公共服务委员会发现的那样，其中一部分方案是通过提供有关他们的工作将如何变化以及新任务将在哪里出现的见解来激励员工提升技能的。重要的是，这种见解还能提醒员工，不要将资源分配给那些很可能被自动化取代的工作任务。

作为一名人本主义心理学家，我的出发点是大多数成年人（无论他们的工资水平如何）都有动力学习和培养技能，构建应对当前挑战的适应力，并有效防范来自未来的冲击。他们通过投入时间和资源（有时二者都需要大量投入）来提升当前工作的技能，更有甚者，他们重新获得技能，希望并预期获得一份更好、具有更高价值的工作。正如劳动力市场分析公司 Burning Glass Technologies 的首席执行官马特·西格尔曼对我讲的："人们有一种无法抑制的提升自我的欲望和能力。"

这种人类的驱动力在面对未来大规模的工作变革时显得至关

重要。因此,重新设计工作真正的激励因素是构建学习基础设施,允许并鼓励员工利用与生俱来的人类驱动力。为了达到这一效果,我看到管理人员构建了基本的人际技能,让大家的发展路径清晰可见,让员工知悉如何能找到更好、薪水更高的工作,并通过投资技能发展机会来支持社会流动性,这一做法不仅针对当前员工,也针对更广泛的供应链和社区。

构建基本人际技能的挑战

展望未来,人类的哪些技能将是最有价值的?我们知道,在目前和可预见的未来,机器在理解人的情绪、感知周围情况和建立信任关系方面的表现差强人意。因此,正如世界经济论坛关于未来工作的报告所指出的,同理心、情境感知、协同和创造性思维等基本的人际技能将至关重要。[12]

在零售银行分支机构中,对基本的人际技能的关注是显而易见的,因为自动取款机可以提取现金,网上银行可以提供银行对账单。这种自动化技术为银行员工腾出了时间,让他们能够提升技能,成为更积极主动的销售代表,对客户进行交叉销售并推荐其他银行产品。重要的是,这份工作中"人"的部分需要高水平的人际交往能力,如同理心、倾听和判断。

然而,就提高技能而言,发展这些基本的人际技能远非易事。矛盾的是,虽然我们了解如何培养分析、决策和判断的认知技能,但我们对基本的人际技能的起源知之甚少。事实上,目前关于人们学习和表现的大部分情境都倾向于认知技能。这是一个萦绕在我脑海中十多年的问题，在我看来，发展基本的人际技能有三个障碍必须克服：学校的教育过程，技术如何应用在家庭中以及工作压力的程度。[13] 在教育过程和家庭环境方面，你可能无能为力，但在工作压力方面，你还可以采取很多措施。

教育的过程

大多数学校简直太像工厂了，仍然坚持工业革命后奠定的教育基础。在20世纪初，学校教育的目标非常明确，主要吸收手工业或农业的人口，让他们为进入工厂做好准备，到了后来则是为办公室工作做好准备。虽然一些学校现在也在教授一些基本的人际技能，但在许多学校，这些传统仍然很牢固：孩子们被训练成可以保持几个小时不动（就像他们在工厂生产线上一样），从事机械性学习，并且顺从和遵守规则。令人遗憾的是，这些技能恰恰是机器最为擅长的。

环境对培养同情心、创造力或正确解读他人情绪的能力几乎都没有帮助。当然，教育系统的重构不会出现在重新设计工作的议程上，尽管有许多新的教育机构正试图把这些基本的人际技能作为教育重心。然而你应该意识到，当年轻人加入你的组织时，他们很可能缺乏对未来成功至关重要的高水平人际技能，并且可能需要围绕这些核心人际技能接受特定的训练。

技术如何应用在家庭中

也有观点认为,发展基本的人际技能(如同理心和情境感知)的挑战之一是社交媒体和技术饱和的负面影响。正如麻省理工学院社会学家雪莉·特克尔指出的,有越来越多的证据表明,即使在疫情防控期间对技术过度使用之前,人们与技术的互动方式就已经影响了他们基本的人际技能的发展。[14] 她的观点是,当儿童和成人花费大量时间在网络游戏和社交媒体上时,他们面对面的人际技能就开始萎缩。社交媒体上短暂的互动对培养社交技能几乎没有帮助。在某种程度上,这是因为人类在共情和协作方面发展出来的进化优势必须通过微妙的个人学习和反馈来加强。例如,对比儿童与亚马逊虚拟助手爱丽莎的对话以及儿童与祖父母的对话。在与爱丽莎互动时,儿童可能会发出吼叫的指令且对机器非常粗鲁。爱丽莎只是以一种稳定、有尊严的方式回应。但是任何模仿这种方式与祖父母互动的儿童,都可能因粗鲁行为而受到指责。

工作中的压力

工作设计中仍存在着挑战。大多数成年人在工作中学到了很多,所以我们可以想象,成年人将在工作场所学习基本的人际技能。然而,同理心和创造力等技能是否被发展或运用,受到个人感受的高度影响。当你感到压力时,例如当你感到自己受到了不公平对待时,海马体(大脑边缘系统中与情绪相关的部分)进行共情式倾听或欣赏情境的能力就会大幅降低。换句话说,你的大脑会停止学习或者共情和移情的能力。

这样的情况给重新设计工作敲响了警钟。如果在重新设计工作时，你创造的工作场所即使是在无意中产生了高水平的压力，那么你也是在为发展和运用基本的人际技能制造障碍。这就是为什么理解灵活的工作实践、协同文化和公平过程在促进发展和运用基本人际技能方面的作用是如此重要。

发展人际技能的新方法

虽然像同理心这样基本的人际技能对许多工作都至关重要，但它们却很难培养。教育科技公司 Mursion 的首席执行官马克·阿特金森一直在研究领导者身上的人际技能。他告诉我：

> 从人际交往技能的角度来看，一位领导者是否优秀，取决于他们做的一小部分事情，这些事情有助于在同事和客户中建立最佳的关系。那些做得好的领导者和那些真正积极倾听的领导者，能够缓解群体中的紧张情绪，能够为了得到同意而让步，能够管理好群体中的多样性。他们还擅长吸引极端内向的人，而这些人可能是真正深刻的思考者。他们为这些极端内向的人创造空间，并承认他们的才能是独一无二的。

我们的挑战在于，与许多认知和技术技能不同，基本的人际技能无法通过基于规则的方式学习，它们需要重复和练习。然而，成功的指标却更加清晰。正如马克告诉我的，"对声音模式进行情绪分析研究可以预测哪些人在社交上更有效率"。例如，这种情绪分析法分析了急诊室的沟通模式，即医护人员傲慢或粗鲁的程度，点头和行走的模式以及这些动作之间的同步性，这些模式要么是"与每个人融洽相处"，要么"显得咄咄逼人"。那些融洽相处的人会做出更好的决定，更优质地合作，也有更高的成功迹象。

如何以最佳方式拓展这些技能？马克是这样认为的：

在工作环境中培养与工作相关的社交技能需要一种身临其境的学习体验，在尽可能接近实际工作的情况下进行练习，并需要大量的实践机会。这种技能的发展本质上是一个试错的过程，我们以某种方式行事，通过微妙的社会暗示获得反馈，然后再试一次。练习造就习惯。

通过利用学习技术，学习专家正在发现促进人类技能提升的新方法。这些培训项目不依赖于昂贵的课堂教学，而是将虚拟现实、人工智能与人类训练师相结合。参与项目的学员有机会倾听较难相处的客户或员工的心声并与他们互动。这是一个经典的角色扮演过程，但在这样的课程下，较难相处的客户或员工则是由虚拟化身扮演的。学习设计团队已经想出了如何用一种可信的方式模拟高压力的工作环境，从而骗过大脑使其相信虚拟体验的真实性。学员与难相处的客户互动，然后在不同的环境中加以练习，在与人工智能交谈时经历一个反复试验的过程。随着时间的推移，他们会收到关于自己进步的客观或主观反馈，从而提升交谈的流利度，这对基本的人际技能来说非常关键。这种训练对总部位于美国的最佳西方国际酒店来说很有建设性意义,该公司利用这类培训提高了 35 000 多名员工的技能,支持他们与客户共情,并采取措施立即解决客户的问题。

洞见:IBM 如何使发展路径具有可见性

如果你重新设计的工作能够支持技术转型,那么了解员工对这种转型的感受,预测自动化的路径,并支持员工提升技能和重新掌握技能是非常重要的。此外,还有另一种方法可以助力员工成长,那就是从他们所从事的工作类型着手。关于重新设计工作的一个重要观点是,在职经历不仅可以帮助人们发展当前工作所需的技能,还可以帮助人们发展未来工作所需的技能。

但事实证明,工作并没有同等的技能发展潜力。有些工作就像自动扶梯,让人们自行获得提升,而另一些工作就像死胡同一样没有出路。管理人员和员工面临的挑战是如何将死胡同类和自动扶梯类工作区分开来。[15]

自动扶梯类工作

对于许多专业工作来说,向上流动的途径是非常明显的。但在中低技能的工作中,情况并非总是如此。因此,上升途径在这类工作中的作用尤为重要。为了更好地理解这一观点,一项研究追踪了 10 万名美国员工的发展轨迹。[16] 令人感到鼓舞的是,研究人员发现一半的被调查者入职了工资更高的工作。自动扶梯类工作创造了通往高薪工作的大门，这些工作包括客户服务、产品销售、广告销售、计算机支持专家和职业护士等广泛职位。

这些自动扶梯类工作的共同点是，它们创造了培养基本的人际技能的机会，比如倾听、沟通、同理心、判断力和决策力。事实证明，这些技能虽然在许多类型的工作中也很重要，但在释放技术技能的价值方面发挥着关键作用。事实上，没有这些人际技能，一个人就不能充分发挥出自己的技术技能。这些基本的人际技能的重要性也在于，它们不像技术技能那样通常只存在很短的保质期，基本的人际技能在整个职业生涯中都是富有价值的。

公司完全可能对自动扶梯类工作加以识别和利用。以 IBM 为例，该公司已经开发了名为 Myca（"My Career Advisor"的缩写，意为"我的职业顾问"）的聊天机器人。它使用了一系列实时的内外部数据（包括来自 IBM 人力资源系统、专门委员会和外部劳动力市场的数据），与员工就他们当前和未来的技能发展进行对话。Myca 使用自然语言技术描述员工当前的技能状况，向他们展示上升途径类工作，并强调如何才能弥补技能差距。

> **IBM——值得反思的问题**
>
> 思考一下你自己公司的工作——在你的公司里有哪些自动扶梯类工作？管理者和员工是否意识到这一事实？如果没有，通过识别这类工作并进行沟通，员工是否会因此而获得优势？

洞见：塔塔咨询服务公司如何让员工标记自己的技能和人际网络

如果你的员工想要充分发展，那么重新设计工作就必须为员工勾勒明确的发展途径，并标记他们的技能，为的是将他们学到的内容展示给他人。通常来说，大学学位是展示学习能力的"信号装置"，但目前企业在设计工作时，也可以让员工学习情况的展示更为轻松。

在塔塔咨询服务公司，理解和标记基本的人际技能和技术技能是重新设计工作的一个重点。拉姆库马尔·钱德拉塞克兰告诉我，"内部平台科诺姆支持着公司50万名员工，跟踪技能发展，利用在线培训来提高和拓宽技能，然后通过技能徽章来构建员工的声誉"。拥有特定技能的员工可以在个人资料中添加一枚"徽章"，以便与他人交流自己的技能。从公司的角度来看，这些证书被整理并用于评估整个公司技能发展的广度和深度。

与他人协同和合作的技能是塔塔咨询服务公司许多职位角色的重要生产要素。为了鼓励和支持这些要素，公司创造了一些方法来标记这些重要的技能。公司没有跟踪电子邮件的使用情况——通常不鼓励将电子邮件作为内部协同工具，而是对公司协同平台科诺姆的内部联系进行评估。这些联系可以是微博客（通常少于100字），比如，"嘿，我一直在研究这个问题，发现这才是解决方案"；可以是篇幅更长（最长2 000字）的博客文章，员工在博客中分享某个观点或价值性更大的描述，比如，"我目前正在从事一个云计算项目，这是我学到的5点……"这些文章往往很有深度，而且技术性较强。

平台内的联系类型对于评估和标记协同也很重要。联系是以员工间的距离来衡量的，以人们联系谁以及谁联系他们为依据。他们是在相同的职能范围、业务范围或地理位置内联系（短距离联系），还是在不同的职能范围、业务范围或地理位置内联系（长距离联系）？这些联系也通过他们的活跃度来衡量，即人们与他人的博客或微博互动频率有多高。

具有相似兴趣的人之间的人际网络被视为促成合作的一个重要因素。这些类型的人际网络被称为"领域"，也是员工的兴趣社区。有些领域是关于个人兴趣的，比如烹饪、瑜伽和摄影；其他领域是关于工作话题的，比如云计算和数据分析是特别受欢迎的，这些领域是交流和学习的场所。例如，想要获得云计算认证的员工可以加入专业的云计算领域，并向内部成员提问："我从哪里开始学习比较好？""什么证书最有用？""我需要花多少时间去学习这一新领域？"

对于这些网络距离和活力的分析可以提供给个人和群体使用。通过仔细观察这些网络是如何运作的，每个人都可以获得重要的反馈，了解人们向谁提供建议，又从谁那里获得建议。利用这些数据，他们可以确定这些人是在建立还是在消耗自己的人际关系。例如，由于一些人习惯性地与同样的人接触，他们的人际网络在多大程度上被同质了？他们是减少了还是增加了多样性？

团队还可以查看来自成员的汇总数据，进一步了解人际网络和知识的传播、流动情况。在此基础上，他们可以构建如图 4 所展现的那种人际网络框架。例如，这些汇总数据已被公司用于制定鼓励跨职能和跨业务联系的最佳战略决策。

> **塔塔咨询服务公司——值得反思的问题**
>
> 塔塔咨询服务公司的经验引出了三个值得反思的问题。你通过什么方式让员工交流技能得到发展？你们是否有像塔塔咨询服务公司那样的方法，这些方法可以构建员工轻松参与的学习社区？你对塔塔咨询服务公司衡量和表达联系程度的方式有什么看法？有什么是你可以从中学习并应用于自己公司的吗？

洞见：微软如何通过深入社区来培养技能

最后一种检验重新设计的工作模式是否支持技术转型的方法是，不仅要考虑它在公司内部培养这些关键技术的程度，还要考虑它能否在公司外部同样如此。

在重新设计工作中需要考虑的是，你的工作设计应该能够挖掘潜在人才市场的广度。狭隘的做法是错误的，即只关注自己的公司和现有的员工。正如我们在考虑人口趋势时所看到的，许多工业化国家将不可避免地迎来人才和高价值技能紧张的劳动力市场，因此发掘未来员工的通道可能与培养现有员工一样重要。

在我看来，公司可以通过拓展人才发展计划，进而在世界范围内发挥积极作用。[17] 我们有机会将重新设计的工作与企业的社会责任更紧密地结合起来。原因如下：全球数十亿人需要更高收入、更加流动、更好的工作。为了在全球范围内应对这种迫切的需求，每家公司都可以也应该超越自己的边界和现有员工的范围，放眼更广泛的社区。在我担任世界经济论坛未来理事会关于工作、工资和创造就业的新议程的联席主席期间，这一主题一直是议程的重中之重。[18] 该理事会在 2021 年初发布了报告，我们在报告中指出，企业在培养现有员工以外的全球技能方面还可以发挥关键而深远的作用。

在当地社区中培养数字化技能

深入社区培养技能是微软团队做出的决定。2020 年，他们面临着一项重大的业务要求——需要快速扩展公司的云服务供应。要实现这一目标，意味着要在许多地方建立数据中心，从人口稠密的爱尔兰首都都柏林，到美国艾奥瓦州的得梅因（人口刚刚超过 20 万）等中型城市，再到弗吉尼亚州的博伊顿（人口约 400 人）等偏远定居点。员工在这些新工作地点的关键工作技能是数据中心管理，特别是负责系统管理和故障排除。

在任何劳动力市场上都很难招聘到拥有这些技能的员工，这些技能不太可能被偏远地区的当地人口所掌握。还有一些地方，目前很少有微软员工愿意调去那里，而愿意调去那里的员工，留存率往往也很低。微软团队接受了这一挑战，扩大了他们对谁能胜任这些工作的看法，并帮助创建了新的本地人才库。他们从 4 个地点的本地人才库开始，到 2021 年已经扩展到 11 个地点的人才库，包括爱尔兰等其他国家。

正如微软美国公共政策常务董事鲍西娅·吴告诉我的，这一举措的关键在于将不同的利益相关者聚集在一起。例如，在博伊顿和得梅因，微软与当地社区大学合作创建了新的微软数据中心学院（DCAs）。这些学院培训学生在微软和其他有类似数字需求的企业工作。每个数据中心学院都有 15 到 20 名学生，截至 2021 年，已经有 200 多名学生毕业。他们中的一些人加入了微软，而另一些人则把技能带入相关公司，有助于优化当地的整体技术环境。

发起全球技能倡议

为了从更广阔的角度看待技能发展，微软高管团队在 2020 年初发起了一项全球技能倡议。他们首先绘制了一张"数字化技能平等性地图"，显示了世界各地数字化技能集中的位置。他们发现在数字化技能水平较低的地区，互联网连接的水平也比较薄弱，基础数字化能力非常有限。

根据数字化技能平等性地图，高管团队设定了一个目标——让全球 2 500 万人掌握数字化技能。微软利用自己的内部资源，建立了新的合作伙伴关系。在企业内部，领英上的招聘数据与 GitHub 社区数百万开发人员的技能档案相结合，构建实时数据流量。利用这些汇总数据，该团队分解了工作需求的颗粒度，使他们能够建立导航系统。这些系统让求职者对未来有价值的工作有了更加深入的了解，或许会被证明是提升技能的真正动力。

为了帮助那些位于上升通道的员工找到更好的工作，微软团队还与一系列合作伙伴合作，为人们提供免费的学习课程，实现低成本的技能认证，并提供免费的求职工具。此外，微软提供了2 000万美元的现金补助，用于支持那些帮助人们提升技能的非营利组织。

> **微软——值得反思的问题**
>
> 展望未来，在短期、中期和长期内，企业最难招聘到的人员需要具备什么样的技能？考虑一下微软社区计划——当前你是否有任何能够支持未来潜在员工技能发展的社区计划？当着手重新设计工作时，这会是一个让工作模式与企业社会责任议程紧密结合的好时机吗？

行动清单 11
工作模式能否支持技术转型

◎ 再查看一下图 13 中的模型。你知道对于关键职位族来说，自动化的可能途径是什么吗？员工是否有这样的洞察力？

◎ 工作的重新设计在多大程度上影响了基本人际技能的发展？你们是否会开创性地为此部署技术应用？

◎ 你知道自己公司中的自动扶梯类工作在哪里吗？你是否确保

这些工作是用来构建员工的（向上）流动能力的？

◎ 你的工作模式是否为人们创造了交流技能和学习机会？

◎ 重新设计的工作能否在利用更广阔社区人员的技能方面更具创造性？你是否有办法利用社区的能力来扩大未来的人才库？

工作模式能否体现公平性和公正性

重新设计的工作模式是否具有公平性和公正性？它会建立、维持，还是耗尽员工之间的信任？

当然，在重新设计工作时，没有哪位管理人员会采取不公平的措施，故意破坏人们之间的信任，但重新设计的工作可能会产生意想不到的后果。

企业正面临一个充满严重干扰、模糊不清和不可预见事件的时代。在这个时代，员工的信任将是一项至关重要的资产。高信任的组织更具有敏捷性和灵活性，高信任组织的员工压力更小，更有活力和生产力，更加具有投入度和满意度，更不容易感到倦怠。[19] 重要的是，身处高信任组织中的人更有可能从"心理安全"中受益，即他们觉得能够谈论自己的真实感受，挑战他人的看法，并更有信心团队不会让他们感到难堪、不会嘲笑或拒绝他们的想法和观点，他们觉得自己更有能力去"畅所欲言"。

因此，构建一个公平公正的工作模式至关重要。

确保每个人都能从重新设计工作中受益

回顾疫情的早期阶段,当许多公司处于"解冻"状态时,管理人员会与员工对话,倾听员工和他们的具体需求,员工也对改变工作方式的可能性感到兴奋。管理人员认为,也许人们可以更多地居家办公,或者把工作设计成一种让人们有更多机会专注和不受干扰地工作的方式。

然而,随着结果变得更加清晰,另一种叙事开始出现。人们越来越感到不安的是,重新设计的某些方面似乎对一些人很有效,但对另一些人却不起作用,在这个过程中有赢家也会有输家。我们开始看到意外后果显现的最初征兆。

(家中的)主要照顾者

管理人员担心,在这种向居家办公的转变趋势中,家庭照顾者似乎遭到了最糟糕的待遇。而且如前所述,在一些家庭中,女性花更多的时间做家务,更有可能选择居家办公而非办公室办公。如果家庭照顾者(男性或女性)在其他人返回办公室时仍留在家里,我们担心这会影响他们的晋升前途。

年轻的员工

人们也越来越意识到,对于一些群体尤其是年轻员工来说,他们通常与室友共用一个空间,居家办公的机会对于他们来说吸引力并不大，而且可能被视为一种劣势。此外，由于居家使这些员工不再有机会通过观察来学习，他们可能面临失去与经验丰富者及其掌握的知识产生重要联系的风险。

那些不能居家办公的人

除了对居家办公感到兴奋之外，显而易见的是，对于许多员工来说，居家办公不是也永远不会是一种选择。医院里的医生、护士和社区里的护工都是如此；从事制造、交付和供应链工作的人员也是如此；还有数百万在户户送或优步等公司平台从事工作的人更是如此。事实上，正如2021年英国人口普查（于3月21日在疫情防控期间进行）所报告的，只有46%的就业人员表示他们当时居家办公（在美国，这一数字约为47%），但仍然有很多人没有居家办公。想象一下，如果你在一家汽车厂的装配线上工作，你看见每周有两天行政办公室空无一人，因为同事居家办公了，你会作何感想？

在疫情的早期阶段，我看到许多公司开始尝试新的工作方法，通常允许管理者基于自组织的临时方式推动流程。一些高管让个别的管理者与他们的团队进行沟通，安排居家办公事宜。从表面上看，这是有道理的，但是随着时间的推移，由于没有指导原则或协同决策，这不可避免地引发了人们对其中不公平性的控告。不同的部门和团队获得了不同程度的灵活性和自由度，一些人开始觉得受到了不公平的对待。

我们将面临的艰难抉择

虽然重新设计工作带来了重大机会，但它也有可能引发巨大的不公平。为了进一步了解这些可能性，我在一系列（线下）研讨会、网络研讨会和采访中询问管理员们，他们认为哪些判断如果处理不当，可能会导致员工产生不公平感。以下是一些回答："我们如何管理家庭/办公室的灵活性？""谁应该在办公室工作，谁应该居家办公？""我们如何建立一个灵活的时间制度，既承认父母照顾孩子的责任，又不会给那些没有照顾责任的人带来不必要的负担？""我们如何明确居家办公的人是在高效工作，而不会懈怠？如何确保不必设置监控系统？""我们如何平衡有可能居家灵活办公的工作和不用灵活办公的其他类工作？"

影响公平性和公正性的因素

想象一下员工面临着公平性问题。我们举两个例子：艾米是一个没有照顾责任的单身人士，她的两个同事都有年幼的孩子需要照顾；埃里克是一个装配线工人，他的同事们都在办公室工作。

艾米和埃里克如何判断他们受到了公平对待？例如，艾米觉得她必须为承担照顾责任的同事提供帮助是不公平的，埃里克觉得灵活办公的同事享受了不公平待遇。多年来，各种各样的研究梳理了影响公平感的因素。事实证明，公平感受到不仅仅是一个因素，而是几个因素的共同影响。当你考虑心中重新设计工作的模式是否公平时，你需要考虑这些因素——结果、程序和互动。

结果是否公平

当艾米和埃里克思考他们的工作经历时，他们会考虑结果（研究人员称之为分配公平）是否公平。也许艾米觉得自己受到了不公平对待，因为上周她三次被要求加班，而两个承担照顾责任的同事则不得不提前离开去照顾孩子。虽然艾米很乐意偶尔这样做，但她开始觉得自己受到了不公平对待，她的付出被视为理所当然。她开始怀疑这是否会成为一种常态，是否会演变成她必须在项目出现紧急情况时挺身而出。埃里克可能会因为不同的原因觉得自己受到了不公平对待。如前所述，他可能会注意到，有些时候办公室空无一人，如果出现问题，他不能简单地走进办公室去询问。此外，埃里克和他的同事们可能会觉得与办公室工作的职员相比，他们受到了不公平对待。

程序是否公平

非常清晰的是，当我们考虑公平性时，结果是最显而易见的因素。但在结果公平的背后，是一种对实现结果的过程的感受。我们根据一系列标准来判断程序是否公平：这一过程随着时间的推移，在人群中是否保持一致？我们是否可以相信它不受决策者自身利益的影响？在基于可靠信息的基础上，这个程序是精准的吗？它是否代表了所有受影响之人的需求、价值观和态度？它是否符合我们自己的道德观和价值观？

关于程序公平的影响，重要的是，虽然这可能只和单一程序相关，但当我们觉得在这个单一程序中受到了不公平对待时，我们的反应是针对整个组织和其中的每一个程序的。

让我们来仔细看看艾米的情况，进一步审视这个问题。想象一下，当同事们照看孩子时，没有人咨询艾米的意见，向她寻求帮助，人们只是假设她会帮忙。艾米会察觉到这个程序是不公平的，或者说某种程序的缺失是不公平的。那什么才是更公平的程序呢？整个团队可以事先坐下来商讨这个问题。作为一个团队，他们可以决定许多可能的方向；也许那些有照顾责任的人会尽可能事先告知他们的不便之处，或者安排工作上的分担，或者一周工作时间长一些，一周工作时间短一些。如果他们要求像艾米这样的人伸出援手，那么后者就可以用休假来弥补加班。

我们也可以让埃里克进行程序选择。和艾米一样，如果没有适当的程序，他更有可能觉得自己受到了不公平的对待。最简单的程序是向埃里克和装配线上的其他人承认，办公室职员在工作地点上具有灵活性，而装配工人却没有。但是，是否有机会为埃里克这样的装配线工人创造灵活性——当然不是地点上的灵活性，而是时间上的灵活性？例如，也许可以利用重新设计工作的机会来考虑时间的灵活性：通过延长每天的工作时间，一周工作4天而非5天；或者改成4天工作制；或者工作7天，休息3天。

互动是否公平

影响公平感和公正感的第三个因素是与团队领导和管理者互动的方式。这是组织实践中人性化的一面，即管理者对待对方的方式。员工是否觉得自己以礼貌、坦诚且尊重的方式得到了对待？[20]

从俄亥俄州立大学管理与人力资源教授杰拉尔德·格林伯格进行的一项研究中，你可以感受到互动公平的重要性。[21] 他观察了两家制造厂（A 和 B）如何处理降薪问题。两位副总裁采取了略微不同的方法。在 A 工厂，副总裁在工作结束时召开了会议，宣布公司将全面降薪 15%，降薪为期 10 周。他非常简短地解释了原因，对员工表达了感谢并回答了几个问题，整个事件在 15 分钟内就结束了。在 B 工厂，同样的降薪计划也在推进中，但公司副总裁的处理方式略为不同。他首先告诉受到影响的员工，已经考虑过裁员等其他节省成本的选择，但降薪似乎是最低程度令人不快的选择。随后，他花了一个半小时的时间回答员工的问题和担忧，并多次对不得不采取这一措施表示遗憾。这些互动也对员工行为产生了影响。格林伯格发现，在接下来的 10 周内，B 工厂的员工盗窃率比 A 工厂低了近 80%，员工辞职的可能性也比前者降低了 15 倍。

因此，我们可以假设，如果艾米只是通过查看电子邮件或者通过一位要求严格且经常加班的管理者告诉她，她应该为承担照顾责任的同事提供帮助，那么她更有可能觉得自己受到了不公平对待。但如果她的管理者坐下来，对她的情况表示同情，认真倾听她的观点，然后描述为什么管理者得出她需要提供帮助的结论，她的感受可能就有所不同。埃里克也是如此。如果他的主管与他和同事当面去讨论问题，对他们的处境感同身受，并承认他们的待遇与办公室员工确实不同，然后再告诉他们高管团队做出的决定，埃里克就更有可能觉得自己受到了公平对待。

为什么公平会如此困难

从表面上看，这三个影响公平的因素似乎相对简单，即确保结果和程序是公平的，互动是充满共情的。但现实情况是这些品质往往难以呈现，在疫情防控期间更是如此。某种程度上，这是因为许多公平的决策是在资源紧张时艰难做出的。这是未来工作联盟的管理人员在 2020 年 10 月举办的一系列研讨会上讨论的问题之一。有明确的证据表明，这是一段艰难的时期，管理人员对于实现这三个因素中的每一个都感到压力陡增。

结果公平——完成任务的压力

在管理人员努力应对疫情及其后果的影响时，许多人感受到了完成工作并迅速做出决定的压力。因此，管理人员有时会走捷径，结果其决策不能代表每个人的需求。他们在极不确定和模糊不清的形势下工作，面对不可预测的未来，他们很难确切地知道怎样做才能做到最好。与此同时，员工们也感到焦虑和毫无准备：他们会失去工作吗？程序或机器会接管他们的大部分工作吗？在疫情防控期间进行的一项调查报告显示，83% 的员工表示他们担心失业，可能的原因包括零工经济、近在眼前的经济衰退、缺乏技能、成本更低的国外竞争对手、成本更低的劳动力移民、自动化或工作岗位转移到其他国家等。[22] 随着公司进入重新设计工的下一阶段，显而易见，高技能的管理人员将在确保结果公平方面发挥核心作用，正如我们将在第五章中探讨的，有很多措施可以帮到管理人员，例如重构他们的工作，以及提供急需的支持和发展机会。

程序公平——他人的困境

疫情防控期间，许多员工被临时解雇甚至辞退。这不可避免地对那些留下来的人产生了影响，有时这种影响被称为"生存内疚"。裁员还会让那些员工产生一种失控感，他们前同事的命运代表了一个明确的信号：努力工作和良好表现并不能确保不被裁员。事实上，2002年的一项研究发现，裁员后幸存者的工作满意度下降了41%，对组织的忠诚度下降了36%，工作绩效降低了20%。[23]

所以，即使这个程序是公平的，有时人们也会过于焦虑而不愿承认这点。这就真正突显了让全体员工参与对话，讨论正在发生的事情以及他们的感受的重要作用。而且，正如我们将在第五章看到的，领导者的叙事可以在很大程度上规划出一个让人们感到积极和充满参与感的未来。

互动公平——远程工作的挑战

在管理者产生同理心和传递信息的完整性方面，可能存在着重大障碍，对于远程工作的经理和同事来说尤其如此。随着人们工作的远程化，他们的人际网络相应减少，管理者可以从同事那里寻求即时指导，或者在喝咖啡时与团队成员进行非正式交谈的机会也减少了。疫情防控期间，对许多人来说，从面对面交流到虚拟交流阻碍了一些敏感的对话。这是因为我们通过视觉信号很自然地与他人产生共鸣，比如我们可以通过快速一瞥来判断某人的情绪状态。通过电脑显示器或手机屏幕，这种解读变得尤为困难。疫情防控期间，这种时间压力、不确定性和孤立感导致人们发现更加难以建立公平的程序。

在设计后疫情时代的工作方式时，我们往往会强调面对面工作和虚拟工作双管齐下，因此必须解决互动的公平性问题。这意味着即使是在虚拟环境中，也要把员工团结在一起，让他们感受到彼此之间的联系，并且更有意识地关注每一个影响公平性的因素。让人们去参与对话，讨论他们面临的选择和权衡，并承认在这些不确定的时期，高管团队并非永远正确。

一些高管团队正在努力实现这一目标。他们给员工一些时间来反思和考量自己的处境，并确保他们有时间表达自己的意见。高管团队倾听和分享员工的故事，勾勒出人们面临的困境，这样他们就能更深入地理解员工。这些高管团队将工作的重新设计框定为一系列试验，每个人都能从这些试验中有所收获，不是进行仅此一次的干预，而是保持长期协同。

洞见：英国生命保险公司如何构建公平的程序

这种透明度和参与度是英国生命保险公司首席执行官马

修·威尔逊和首席业务官洛兰·丹尼的核心信念。该公司总部位于伦敦金融城，在美国和百慕大地区也有分部。

绕过"老面孔"

英国生命保险公司的团队从 2020 年秋天开始设计一个足以更新他们核心价值观的过程。为了使这些新工作方式的设计和实施尽可能具有包容性，他们做出了一个大胆的选择。他们没有让"老面孔"参与整个过程，而是随机抽取了整个员工群体 10% 的人员，这些人员的涵盖范围从接待员到高级撰稿人，从一开始来自三个办公地点，到自己成为设计群体的一部分。

到 2021 年春，显而易见，公司的大部分活动不得不从面对面转向虚拟形式，这不仅是一个更新核心价值观的机会，也是重新设计工作的机会。在接下来的 6 个月里，设计群体被分成 6 人一组的学习团队——每个团队都来自不同的部门和级别，他们几乎在公司的各个部门一起工作。

构建对未来的深刻认识

这一过程始于对工作如何变化以及未来十年可能发生的变化建立更深入和共同的理解。例如，该群体研究了技术对英国保险工作的影响，技术的最新发展如何创造生产力，以及寿命和人口增长如何影响保险类产品。他们仔细研究了社会趋势，以及家庭结构如何给传统工作方式带来压力。他们还使用诊断工具描述自己的工作能力和偏好，然后与同伴学习团队分享。

有了对未来工作和自身能力的深刻理解后，团队成员研究了其他公司的反应。他们讨论了观察到的趋势、其他公司采取的做法，以及这对公司如何为未来做好万全准备的意义。

推广想法

然后，来自整个设计群体的所有团队聚集在一起，进行了为期半天的虚拟"黑客马拉松"。他们在此期间讨论了各自的想法，并开始展示他们认为其中最令人兴奋的一两点。然后，他们把想法告诉了马修和洛兰。这让高管团队能够审视整个公司，更好地了解人们真正想要的是什么，评判这些想法背后体现的热情与活力。

各个团队建议要充分增加英国生命保险公司内部的学习机会，继续坚持群体学习的理念，并做出更多的工作来支持跨职能举措，这将为各个部分的业务建立更强大的联系。他们还希望扩大同伴学习的概念，花时间学习包括保险行业在内的其他领域。在接下来的一年里，这些团队与执行委员会探讨了如何将建议付诸行动，首席财务官加文·威尔金森则成为一位关键的支持者。例如，在资源方面，团队意识到他们需要一个人到其他公司轮岗。威尔金森对这个想法充满热情，并在实施阶段成为他们在董事会中的担保人。

正如洛兰所说：

这个项目的前途绝对是光明的，在参与项目的过程中我们感受到真正的兴奋。其中一个巨大的益处是让更多的人参与进来，他们之间建立了许多重要的联系。每个人都是平等的，且每个人都在学习。人们获得了巨大的收获，人们喜欢建立良好的关系并在一个公平的竞争环境下参与其中。同事之间的虚拟联系也有好处，该项目展示了人际关系如何最终变得更加牢固。人们可以"看到"彼此的生活，他们可以感受到家、孩子和宠物带来的温馨。人际纽带变得更为紧密了，他们感受到自己是世界的一部分。他们一开始会说，"你好吗？你过得如何？"人们更深入地全方位了解彼此，而不仅仅是作为员工。

为英国生命保险公司编写员工手册

为了深化对工作变化趋势的理解，他们编写了英国生命保险公司员工手册，这一手册描述了员工目前共同工作的新方式。洛兰当时告诉我，整个经历"证明了实际上每个人都有话要说，每个人都喜爱并希望融入这种经历中"。

在接下来的一年里，设计群体之间形成了强大的人际支持网络，遍及整个公司，他们还大大增加了重新设计工作的知识和专业性。这意味着当高管团队讨论如何在场所和时间上创造灵活性时，已经有一群"拥护者"就位了，他们可以传播信息并让公司的同事们参与其中。我询问 HSM 咨询公司项目负责人安娜·古伦博士，我们从中收获了什么。她指出了三点：

首先，共同创造的过程确保了人们富有责任感，并对发生的变化具备主人翁意识。与同伴一起学习意味着人们更加专注，因为他们不想让他人失望。其次，由于创意直接来自员工，他们利用从项目中学到的知识和在伦敦商学院的经历，真正迸发了大胆的创意并相互借鉴。再次，这个项目真正展示了领导力，在不清楚员工会采取什么行动的情况下，高管团队表明立场并承诺采取一项关键行动。这一过程确实展示了勇气和创新能力。

> **英国生命保险公司——值得反思的问题**
>
> 当你重新设计工作时，你如何看待"绕过老面孔"，从公司的各个级别和各个部门抽调人员来从事项目工作？当你考虑为未来重新设计工作时，采取英国生命保险公司的做法，提高整个企业员工对未来趋势的理解能力，会有怎样的好处呢？想想英国生命保险公司的首席执行官和首席财务官是如何积极参与这个过程的。这样做的好处是什么？这种方法在你所在的公司是否可行？

洞见：阿尔忒弥斯公司对虚拟办公的信任

阿尔忒弥斯是一家几乎完全虚拟办公的战略咨询公司。该公司创始人兼首席执行官克里斯蒂·约翰逊对如何在虚拟环境中实现公平这一议题进行了大量思考。我询问她对于那些开始重新设计工作的公司有没有经验启示。她提出了三点建议。

首先，从核心原则开始。正如克里斯蒂所说："建立起信任和道德准则作为团队的核心原则，而且要确保信任是主动给予的，而不是员工赢得的。"

其次，有意识地设计沟通过程——明确人们何时联系、如何联系以及为什么联系。克里斯蒂称："当你在虚拟团队中工作时，人们更容易'隐身'或不被看见。所以你需要安排沟通，这时候尽可能地使用视频。同时，尝试着复盘那些偶然的对话。拿起电话问：'嘿，你好吗？'"她接着解释道："我们已经失去了在办公室四处走动来进行管理的方法，我们需要在虚拟环境中为管理者提供支持。"和沟通过的其他人一样，克里斯蒂喜欢用"行为推动"来支持管理者做出正确的事情。例如，他们为团队领导者提供了一个标准的问题列表，询问团队成员的动力和兴趣。

最后，在日常团队流程中建立公平和信任。以下是对他们来说奏效的方法：安排解决团队问题的会议，在项目结束的会议上提问，比如，我们的行为是否符合职业操守？我们建立信任了吗？"

行动清单 12
工作模式能否体现公平性和公正性

◎ 查看关键职位角色。在员工体验方面，是否有可能出现涉及公正和公平的问题？

◎ 思考重新设计的工作模式，这将如何改变员工的体验？

◎ 仔细观察三个因素。结果层面：在员工的判断中，结果具有公平性吗？程序层面：你是否设计了一个过程，这个过程将随着时间的推移而保持一致、没有偏见、始终准确？互动层面：你的行动计划能让管理者和团队领导以公平的方式沟通吗？

◎ 关于公平性和公正性，你的指导原则是什么？你设计整个过程的时候是否采用了与他人共同创造的方式？

—— 未来工作

第五章
行动与创造

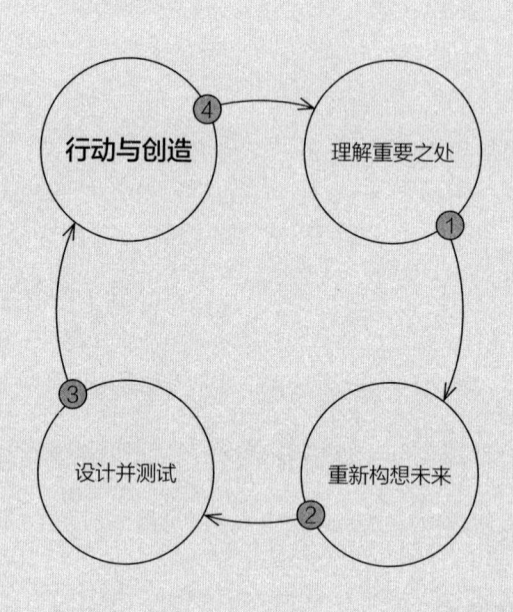

```
        ┌──────────┐  ④   ┌──────────┐
        │ 行动与创造 │ ←──── │ 理解重要之处 │
        └──────────┘       └──────────┘
             ↑                   │①
             │③                  ↓
        ┌──────────┐       ┌──────────┐
        │ 设计并测试 │ ←──── │ 重新构想未来 │
        └──────────┘   ②   └──────────┘
```

重新设计工作最终是要落到行动与创造中的。到目前为止，我们所学的一切都是为了现在这一刻。如果你没有投入其中，或者不能让你的员工和管理者参与进来，那么理解重要之处、重新构想未来、设计工作模式并测试都是毫无意义的。要创造一种面向未来的新的工作方式，吸引和激励员工，使组织成长并繁荣发展，这些都需要积极的行动。当我观察在这方面取得成功的公司时，我察觉到它们采用了利益相关方共同参与的方法，让管理者、员工和领导者都参与其中。

成功实施这些步骤的组织都非常重视优秀管理者的关键作用。核心的管理技能包括安排人们的工作场所和地点，也包括管理团队成员的绩效和职业生涯。我从澳大利亚电信公司高管团队那里学到的支持管理者的方式是从根本上重新设计他们的角色，为这些截然不同的活动腾出更多时间。正如渣打银行所展示的，支持管理者也包括对他们的职业发展进行投资。

其次，这些公司没有将重新设计工作视为一个等级森严、自上而下的过程，而是经常采纳共同创造的理念。就像英国生命保险公司的管理人员一样，他们鼓励员工参与辩论，并利用他们的见解和干劲在公司的各个人际网络中建立推动力。推动员工参与是一个基本的实践工具，对于爱立信来说，这为重新设计工作创造了一个重要的机会。

与这种共同创造的需求相平衡的是，承认员工思考未来的不确定性时，领导者的叙事可以用于创建意义、确定重点。当我们完成重新设计工作的四个步骤时，我们再看看软件公司赛捷是如何经历整个过程的，以及在此过程中有怎样的收获。

01 行动与创造　优秀管理者的关键职能

——洞见：澳大利亚电信公司
——洞见：渣打银行
——行动清单 13

02 行动与创造　共同创造的力量

——洞见：爱立信
——行动清单 14

03 行动与创造　团队领导者的叙事

——行动清单 15

04 行动与创造　重新设计工作的四个步骤

——洞见：赛捷公司
——行动清单 16

优秀管理者的关键职能

优秀的管理者是连接员工与工作的纽带。当回顾我分享的许多公司的例子时，管理者的作用（尽管不一定总是非常明显）仍然是至关重要的。他们负责管理工作流程，考量团队的工作安排，并为重点工作留出时间。他们会考虑这些安排能否满足团队成员的需求，同事执行的任务是否正在促进他们学习新技能，或者只是重复已经拥有的技能。正是他们在广大群体中呼吁公平性议题，要求待人以尊重、给人以尊严。而且，正是这些管理者指导他们提高当前职位所需技能，或者建议他们重新掌握新技能以便换到下一个潜在职位。

显而易见，优秀的管理者对于重新设计工作至关重要。但这也非常奇怪，因为多年来人们一直把重点放在领导者身上，以至于有些人甚至询问管理者做些什么。当管理者经常被称为"永久冻土"时，很明显他们不被视为重新设计工作的首要群体。因此，我们面临的挑战是，尽管管理者的作用越来越重要，但他们自身工作的设计和所获得的支持却未能与这种日益重要的地位相匹配。在此之前，他们将无法支持重新设计工作所带来的重要且根本的变化。我们接下来仔细思考如何更好地认可并支持管理者的关键职能。

管理者的工作——一个碎片化并且超负荷的叙事

2013 年至 2020 年，黛安娜·盖尔松担任 IBM 的首席人力资源官，为首席执行官吉尼·罗梅蒂服务。2021年3月底，在HSM咨询公司的网络研讨会上，我和她共同探讨了管理者及其职能角色的问题，我们向来自世界各地60家公司的高管人员提出了两个问题：第一，"你会如何描述作为管理者的日常经历？"第二，"你认为疫情过后管理者的职能角色有什么变化？"

对第一个问题，即当前的管理者职能角色的回答主要是负面的，其中两个词比较突出：筋疲力尽和沮丧。疫情暴发一年后，管理者们开始出现烦躁的情绪。当然，这种情绪并不新鲜。1940年对管理者的一项研究报告称，他们在工作时只有23分钟不被打扰；1965年，一个瑞典研究小组观察到，管理者的职能角色是高度碎片化的；1973年亨利·明茨伯格对管理者每天经历的著名研究描述了他们的工作状态：无法懈怠的工作节奏、频繁被打断以及对行动的专注。[1]

管理者职能角色的碎片化和超负荷状态部分起始于一系列流程重构和技术创新。此外，因为人工智能和自动化通过执行重复的管理任务来强化管理者的职能角色，因此管理者的职能角色变得更加数字化，且控制范围扩大。随着内部数字平台（如塔塔咨询服务公司的Knome平台）的发展，领导者现在可以直接与员工互动，使管理者可能被排除在管理循环之外。随后一些公司引入了灵活办公的概念，将完整团队的概念分解为流动的项目小组。这一现象进一步削弱了管理者与团队成员之间的日常互动。

这些过程和技术变化的结果是，管理者的责任往往进一步增加，压力更大但是获得的支持更少。当你考虑如何重新设计工作时，这也是一个很好的时间窗口，让我们有机会思考重新定义管理者的职能角色。

优秀的管理者会做些什么？

尽管管理者面临着严峻的挑战，但许多人的工作表现依然出色，在疫情防控期间尤其如此。当我们向网络研讨会的受访者提出第二个问题——"你认为疫情过后管理者的职能角色有什么变化？"时，超过80%的评论都是正面的，其中被提及最多的词有三个：指导、幸福感和沟通。

疫情防控期间，优秀的管理者对员工进行指导，并与员工充分沟通。微软的一项研究分析了每日员工心态调查数据，清晰地展现了这一事实。这些研究揭示了一个一致的模式：当管理者站出来帮助团队确定优先级事项、培养团队文化并支持员工工作与生活取得平衡时，团队会感到彼此之间的联系更加紧密，对工作的态度也更积极。[2]

塔塔咨询服务公司的研究小组也有同样的发现。他们回顾了与管理者互动对团队绩效的影响。其中一些分析角度是管理者的沟通方式：他们是每天发邮件，还是每周发邮件？他们喜欢采取项目管理委员会的形式，还是喜欢面对面的会议？他们是单独会见团队成员，还是召开全体会议？之后，研究小组将这些沟通方式与团队绩效联系起来。塔塔咨询服务公司数字化办公部门的负责人阿肖克·克里什告诉我，"我们发现那些经常与团队成员进行一对一沟通的管理者，他们的团队表现最好"。

正如黛安娜总结的，这些优秀的管理者已经做出了四个重要的心态转变。

首先，他们已经从传统的等级制度和管理者主导的"我的团队在这里是为了让我成功"的观念，转变为一种更关注团队的心态："我在这里是为了让我的团队成功。"优秀的管理者通过多种方式实现这一目标，比如支持员工参与进来、富有工作动力、掌握职业技能、指导他们并给予反馈，以及创造充满支持性和包容性的工作环境。

其次，他们的心态已经从独占资源转变为共享资源。这意味着他们的职能角色要从"我注意团队成员的下一次晋升，并对他们离开本部门的行为加以控制"，转变为一种开放、分享和合作的心态："我正在指导我的团队成长，帮助他们发现调动的机会。"这种将团队需求放在首位的心态转变，在疫情之前就已经存在。疫情影响的是人们的工作场所和时间，这种转变产生了更复杂的日程安排，需要更有针对性地设计工作流程。

再次，随着越来越多的公司从结构化团队转变为流动团队，优秀管理者的观念已从"我管理和控制一个完整的团队"转变为"我的团队是流动的，有的团队成员在其他部门执行项目，也有从其他部门借调来的员工"。

最后，随着时间和地点的灵活性越来越强，优秀的管理者将他们的思维方式从"我将工作分配给团队内部的成员，工作需要在办公室完成"转变为在完全不同的环境下管理人员，即"工作可以在任何场所完成，关注重点是任务和项目，我也可以利用外部的人才"。这种转变对管理和评估团队绩效具有重要意义，从"我通过直接监督工作、设定年度目标来评估绩效"到"我通过持续的工作优先级排序和提供指导来关注工作。"

以下是公司如何支持管理者培养这四种心态的一些想法。

洞见：澳大利亚电信公司如何重塑管理者的职能角色

改变管理者的职能角色被视为澳大利亚电信公司更广泛的组织变革的关键部分。该计划由首席人力资源官亚历克斯·巴德诺赫领导，他与首席执行官安迪·佩恩合作，目标是将这家市值163亿美元的澳大利亚电信巨头（员工超过32 000人）转变为更加以客户为中心和快节奏的公司。

澳大利亚电信公司的高管团队采用了黛安娜·盖尔松和吉尼·罗梅蒂在IBM的路径——他们投资于流程重构、数字化建设和灵活的工作实践。但亚历克斯意识到，要想真正帮助管理者提升，就必须从根本上改变这个职能角色的架构。

真正的创新时刻出现在高管团队决定将组织层级大幅减少到三层，同时将经理职位分为两个平等但截然不同的角色：项目主管（Leaders of Work）和人力主管（Leaders of People）。这种模式几乎涵盖了从会计到销售的所有活动，但不包括现场运营和呼叫中心。

项目主管定义工作任务、绩效目标和资源计划，以实现业务经营成果，然后管理灵活项目中的工作。他们依靠人力主管来提供所需的人才。

这样一来，人力主管就专注于指导和培养他们所辖"分部"的员工，后者数量通常在200人左右。每个分部都由具有相似的基本技能的人组成——从某种意义上说，这是一种重实践且分布在世界各地的社群。正如亚历克斯向我们描述的，"领导者的角色是了解工作之外的人，了解员工的职业志向，充实他们的技能并激发他们的思考"。正是领导者支持员工发展新技能，这些技能既符合当前和未来的技能需求，又能展示出与其他分部相联系的互补技能，并为其他分部提供技能通道。

人力主管的责任心和绩效表现有多种评估方式，其中一个关键的衡量标准是参与度。这包括部门成员的参与分数、成员的净推荐值和留存率。此外，人力主管要对动态能力的构建程度负责，并进行动态评估，例如员工如何有效地满足项目要求，未充分就业的人员比例有多少，以及预算和运营成本的评估结果怎么样。

对于其他走上这条道路的公司，亚历克斯指出了三点值得学习之处。首先，要达到度量责任心和成功的颗粒度，就需要构建基础技术设施。这必须能够满足人力主管和项目主管完成工作所需的基本方式，包括对资源分配、技能档案、工作需求和工作计划的度量。

其次，她指出为了给管理者提供指导员工和支持员工的空间，关注工作的结构是非常重要的。她决定精心打造这两个管理角色。其他公司可能会采取其他方法，但这是一个必须以某种方式解决的问题。

再次，她认为人们不应低估这类结构性变化对生产力的影响。她的观点是，重新设计管理者的职能角色加速了数字化、人工智能和灵活工作带来的生产力的提高。最重要的是，它使澳大利亚电信公司利用技术投资，消除了传统有界限的团队的僵化体制，实现了更具适应性的组织设计。

> **澳大利亚电信公司——值得反思的问题**
>
> 当你思考澳大利亚电信公司所做的选择时,你如何看待将管理角色划分为人力主管和项目主管这两类?你已经采取了这样的措施吗?或者你会考虑这样划分吗?对亚历克斯来说,认识到度量和分析的重要性是值得我们学习的。你目前是如何衡量管理者对团队的影响的?是否有机会扩充这个视角?你在技术上的投资所带来的生产力增长是否被一些因素,用亚历克斯的话来说,"传统有界限的僵化团队"所阻碍?

洞见:IBM 如何将更多的资源交给管理者使用

如果管理者要在重新设计工作中发挥关键作用,他们就需要拥有更多的资源加以支配。

人工智能的使用可以减轻许多事务性任务,如发现差旅和费用报告中的违规行为,将候选人与工作要求相匹配,以及在没有人工干预的情况下实际执行调任。这样一来,管理者就能腾出时间去做真正有意义的事情,例如倾听、指导、支持员工发展技能等。

然而,就当前而言,许多管理者面临的真正挑战是与团队成员在薪酬审查时的对话。如果任务完成不好,审查可能会出现一系列公平性问题，最终会降低员工信任度。正如黛安娜所描述的，在她担任 IBM 的首席人力资源官期间，人工智能得到长足的发展且被用来支持管理者。利用人工智能，他们日常为公平分配工资和奖金所做的大量艰苦工作得以减轻。人工智能算法使用多个来源的实时数据，以此计算市场情况与个人绩效之间的差距。这些数据包括员工技能的市场价值，通过从竞争对手招聘网站上收集信息来量化技能需求，对该技能的内部需求以及整个组织中拥有类似技能员工的自愿流失率进行计算。然后，为了在管理者做决策时给他们提供支持，机器人程序会实时提供信息，例如，程序会提供员工最近一次加薪或升职的时间，或者他们参加的培训课程。将这些数据整合在一起，就会形成一个非常重要的沟通脚本，管理者参照这个脚本与员工分享工资和奖金发放的理由，同时鼓励他们获得更多与市场紧密联系的技能。

IBM 的团队也在为管理者提供一系列行为上的洞见和提示。例如，搜集员工可能辞职的信号，发现团队成员的非合作行为，创建日历庆祝重大胜利或贡献等。

通过角色架构和人工智能来自动化处理一些任务，澳大利亚电信公司和 IBM 的团队为管理者提供了支持员工的空间。正如塔塔咨询服务公司的阿肖克·克里什提醒我们的，真正的神奇一幕发生在一对一的对话中。当管理者能够倾听、同情和指导员工时，他们就会建立起非常紧密且关键的关系。

> **IBM——值得反思的问题**
>
> 当你思考管理者的工作时,尝试找出他们手中任何可以被自动化取代的耗时的活动。你如何看待 IBM 正在创造的"行为推动"?这些举措在你们公司也适用吗?

洞见:渣打银行如何提升管理者的技能

但是,如果管理者没有相应技能来扮演重新设计工作中至关重要的职能角色,那么又会发生什么呢?很可能你的企业像其他企业一样,已经为领导者的发展进行了投资,但管理者的发展又将如何呢?

渣打银行是一家零售银行,在全球 70 个国家拥有 1 200 多家分行,该银行超过 90% 的利润来自亚洲、非洲和中东。对于高管团队来说,他们认为管理者的技能至关重要。

正如人力主管塔努吉·卡皮拉什米向我解释的:

> 我们在价值观以及价值观对领导力的意义方面做了很多工作。在两年的时间里,我们把注意力集中在前 1 000 名领导者身上。我们在领导者身上花费了数百万美元,但我们意识到我们需要支持担任管理角色的人。把管理者说成是企业的"永久冻土",把缺乏变革归咎于管理者,这是非常容易的。但我们扪心自问,他们是"永久冻土"还是我们最大的机遇?我们意识到我们从来没有真正投资

过管理者，也从来没有从数据的角度来看待他们的职能角色。我们想让领导力工具的使用更加大众化。

若要决定如何才能以最佳方式支持 14 000 名管理者，则需要一些创造性的思考。塔努吉从该团队"人力主管"这一命名的改变开始解释道：

这是一个象征性的改变，但却不仅如此，因为我们开始把这些管理者视作一个群体聚集在一起。我们通过创建一个认证过程，使这个角色更加清晰，并展示其重要性。现在这些管理者聚集为一个社群。例如，今天早上我们的首席执行官比尔·温特斯和人力主管通了电话。我们所遇到的挑战标准很高，因此这也是一个真正的学习机会。我们把这些管理者看作是教练、能力召集人以及文化的载体。

接下来，他们开始进行试验并构建原型。

行为推动

在一项试验中，高管团队发展了一种自我诊断方法，建立了各种管理活动的数据，然后围绕结果创建行为推动。塔努吉分享了其中一个例子：

通过查看前一周的招聘数据，我们意识到在一个小组中，每

10个招聘机会里,管理者都找不到一个多元化发展的人。我们想把这些数据反馈给整个社群,因此我们撰写了一份报告《如何推动你的团队更加多元化发展》。我们开始实施一系列的行为推动,通常是关于非常关键的"重要时刻"。例如,在多元化招聘中,我们向管理者们展示了他们做出关键决策的要点,以及他们如何去思考这些问题。这些推动是重要的,不要把这种时刻看作失败的象征,反而应该把它当作一个学习的机会。

注重指导

渣打银行还尝试拓宽指导的范围。这家银行有着几十年为领导者提供指导的传统,并培训领导者成为指导教练。这是该组织的独特"标签"之一。

挑战在于,适用于数百人的方法对数千人来说变得不切实际。因此,团队开始尝试支持他们自己的人力主管成为指导教练。塔努吉解释道:

如果一位人力主管想要接受培训成为一名指导教练,我们会为他们提供正式的认证,并支付一半的费用。我们希望他们能为其他五个人提供指导。当人们思考未来时,许多人意识到给予反馈和指导是至关重要的,他们希望在这项有价值的能力上有所提升。

这个项目最初只有500人申请,经历了三轮之后,有数千人参与,最终申请人数超额。塔努吉继续说道:"我们对此表示欢迎，因为我们最终希望在公司内部建立一种深厚的教练文化。这种技能提升使人力主管能够'把技能传递出去'，也就是说，他们现在投资的技能随着时间的推移会变得更有价值。"这也使渣打银行得以推进扩大领导队伍的进程。他们的团队遍布20个非洲国家，为当地人创造了机会，培养了未来富有价值的技能。

> **渣打银行——值得反思的问题**
>
> 你在多大程度上掌握了管理者的优势和发展需求的分析数据？当你着手重新设计工作时，仔细查看现有的提升技能的机会是值得的。你如何看待渣打银行对教练指导技能的关注？这个倡议会对你的公司产生影响吗？

行动清单 13
优秀管理者的关键职能

◎ 考虑一下你对公司管理者的描述。如果假设他们是"永久冻土"，那么现在是不是时候重新评估他们的贡献，对他们的职能重新命名并在管理者中建立起强有力的社群？

◎ 查看一下职能角色。把职能架构分成围绕业务安排的职责任务和专注于人的职责任务是否有意义？

◎ 你是否需要加速数字化发展来支持管理者？你是否收集了足够的数据并对人工智能进行了足量的试验？你有没有考虑过行为推动可以对管理者提供帮助？

◎ 你是否投入了足够的资源来提升管理者的同理心和指导员工的关键技能？

共同创造的力量

从根本上讲，重新设计工作将影响每一位员工。重新设计工作应该有切实的路径，因为如此人们便能以提高效率的方式工作。然而，正如我所展示的，中间仍有一些障碍需要克服。当一些成员面对面沟通而另一些成员虚拟沟通时，团队将如何真正地共同工作？在发生冲突的时候，虚拟会议将如何发挥作用？当创新性开始衰退，而我们必须对工作结构做出明显改变时，会发生什么？毫无疑问，完善的工作安排以及训练有素且富有同情心的直接管理者将发挥关键作用。

然而，随着重新设计工作而来的日常维护，将不可避免地依赖员工的善意，以及他们对重新设计工作过程中不可避免的小差错保持开放心态的能力。你怎样能确保你的同事未来抱有这种积极的心态，并对重新设计工作的旅程充满善意？

员工和变革的本质

管理变革的经典方式是采取"自上而下"的路线。变革的目标和方向由高管决定,然后再传达给员工,比如"每周将在办公室工作三天"。这样做的优点是清晰、目标统一(只传递一条信息)和沟通高效(从一个人到多个人均可)。尽管从表面上看,这种期望中的统一性和速度有明显的优势,但在实践中往往无法实现。这在一定程度上是因为员工不一定会接受领导传递的信息。是的,他们听到了,但这并不意味着他们会采取行动。即使他们照做了,也可能会消极抵抗。

为什么会这样呢?答案并不是直截了当的——对所有员工或公司来说都不一样。当然,可能人们只是不明白如何把这些宽泛的信息转化为他们的日常行动,即他们明天到底应该做哪些与今天不一样的事情。这也可能是能力问题,因为虽然人们可能理解了信息,但他们不相信自己拥有相应技能或能力去实现。以混合办公为例,人们可能会被招聘入职,但却没有能力设计复杂的时间表或管理虚拟团队会议。

这一切的背后隐藏着我们在面对变革时都会问到的一个基本问题,即变革对我来说有什么好处?它会让我在工作上更加熟练或表现更好吗?会帮我加薪吗?会让别人对我更感兴趣吗?会让我拥有更多乐趣吗?这些本质上都是动机问题,如果答案是肯定的,你就会更有可能推行这些新的措施。从某种意义上说,你被推向未来,因为相信未来会更好;你全身心投入是因为对未来和自己接受新挑战的能力感到乐观。

破釜沉舟式的变革路线效果如何呢？对人们说，"你必须这样做，否则公司就要破产了"，或者"你必须这样做，如果你不这样做就会被解雇"，这样不是更加简单吗？我在伦敦商学院的同事康斯坦丁诺斯·马基德斯询问首席执行官以下说法是否正确："为了营造一种紧迫感，你必须让员工意识到崩溃迫在眉睫，公司面临着致命危险。"他发现 74% 的人同意这种观点。但在他看来，事实远非如此。[3] 康斯坦丁诺斯建议，为了营造一种"持久的紧迫感"，领导者应该让变革的需求变得更加积极、个人化，并鼓励员工全身心投入必要的变革。[4] 商业战略家约翰·哈格尔对此表示赞同。他认为，疫情的突然暴发和不断加剧的气候紧急情况确实构成真正的危机。[5] 但领导者可以在承认当前动荡所带来的挑战和障碍时，指出通往积极目标的全新道路。正如哈格尔对英国《金融时报》专栏作家安德鲁·希尔所说的那样："相反，首席执行官们往往'只想紧握手中拥有的东西'。这是一个压力日渐增加的世界，这也是一个不断出现新的机会的世界。"[6]

与科斯塔斯和约翰一样，我也不喜欢用破釜沉舟的方式来思考变革。原因如下：作为一名心理学家，我知道变革几乎不可避免会要求我们不再从事一些我们所珍视的工作，并开始做一些我们并不了解的事情，我们现在可能对这些事情还没有信心。这就是为什么作为一个成年人去学习是如此艰难。这不仅是在我们的技能中增加一些事项，还几乎不可避免地涉及忘记以及放弃。为了让自己准备好去放下和忘记，我们需要对自己和周遭环境感觉良好。现在想象一下，在重新设计工作的变革中，你无路可退——要么做出改变，要么有失去工作的危险。你会感觉怎么样？面对这种威胁，你的大脑会立即做出战斗或逃跑的反应。你的焦虑增加并且准备好了要么面对，要么退缩。在这种状态下，你不太可能有心思学习，但从根本上说，学习才是变革的核心。

因此，尽管从表面上看，自上而下的变革是最好的方法，而破釜沉舟也有其自身的吸引力，但两者都无法以重新设计工作所需要的方式吸引大家。我们还有其他选择。自下而上的方法听起来像是无政府状态下的处理方法，由整个公司的人来决定他们想要什么并渗透到组织中去。当然，还有一条折中的道路，这条道路既承认组织的领导层有自己的观点和战略，又将整个组织的想法、见解和精力融合在一起，这就是共同创造的道路。而我们的挑战在于，就像重新设计工作的许多步骤一样，共同创造需要高度的意向性和设计思维。

拥有更开阔的视野

我们在之前的章节中看到了英国生命保险公司的高管团队是如何凝聚不同的员工共同创造工作方式的案例。这种从面对面活动到虚拟活动的转变是由协同技术实现的。这种协同技术是否可以运用于将更多的员工聚集在一起，共同创造新的工作方式呢？

十多年来，这个问题一直困扰着我。我最初的动机以及目标是将参加 HSM 咨询公司未来工作联盟的高管们聚集在一起。我们通过在伦敦、东京、悉尼和纽约举办一系列年度面对面活动，在企业管理人员之间建立了联系。虽然这些面对面活动并未消失，但我们仍然想拓展这些活动，所以我们开始设计并测试一个支持共同创造的协同平台。我的灵感来自德国的学术界同事弗兰克·皮勒教授和凯思琳·莫斯林教授。他们与麻省理工学院亨利·切斯布罗夫领导的团队合作，在西门子和大众等公司开创了"开放式创新"。我从他们那里了解到，虽然平台的技术非常重要，但只有在促进对话的过程才能增加真正的价值。

考虑到这一想法，我们开始建设协同平台，用以支持公司去寻求共同创造。我的同事哈莉特·莫利诺特别着迷于协同平台如何拓宽价值的相关对话。我们在此过程中学到的内容成为目前支持公司共同创造新工作方式的实践基础。

洞见：爱立信如何开启有意义的对话

总部位于斯德哥尔摩的瑞典科技公司爱立信在 5G 和物联网领域持续深耕，员工参与是其变革过程中的关键部分。2017 年，新任首席执行官博尔济·埃克霍尔姆与他的领导团队探讨公司在艰难的商业环境中面临的挑战以及公司的不良业绩。正如该公司副总裁塞利娜·米尔斯坦所说，"我们决定以真正的共同创造的方式去做更多事情。我们要利用集体智慧，从务实的角度来观察哪些地方做得好，哪些地方仍需改进"。他们的出发点是提出尖锐的问题，开启有意义的对话。为了支持这一目标的实现，塞利娜和她的团队开展了为期 3 天的项目，该项目规模迅速拓展到 100 人。"无论他们的职位级别是什么，我们想要打破等级制度，鼓励员工相互学习。我把这个项目定位为试验，不能保证它一定成功。"

在接下来的几年里，这个最初的干预项目对打通各种业务起到了显著的作用，也在一定程度上实现了信息和思想的民主化。随着高层团队更深入地研究新的工作方式，他们认为公司发展的指导原则应该是，新的工作安排必须植根于爱立信的公司文化和价值观，而爱立信的文化核心是畅所欲言、同理心、合作与协同。

向所有人敞开心扉

2019年，他们决定向公司的所有员工开启关于工作方式的对话。正如塞利娜所说：

邀请所有员工参与对话是重要的一步，展现了一种真正包容的姿态。我们的主旨是创造一种使整个倡议更加民主的声音。我们想明确价值观意味着什么，着眼于行动，揭开对话的神秘面纱。对于大多数员工来说，在这个过程中，他们有一种不被包容的感觉，但我们邀请了所有员工讨论我们是如何一起工作的，以及我们的流程是什么样的。这里有一些非常基本的人性体验——被倾听和有贡献。

在系列对话之初，3 750名领导者和管理者花了75个小时就公司的未来和价值观展开对话。2020年，爱立信公司计划扩大对话范围，讨论新的工作安排以及潜在的新工作方式如何影响爱立信的文化。来自世界各地的95 000名员工被邀请参与一场即时的主题对话。4月28日，17 000多人参加了这场在线对话，创建了 28 000 多条对话线索，讨论主题包括在疫情防控期间的工作挑战（缺乏社交）和益处（通过保持专注来提高生产力）。

通过对话，员工对爱立信的发展有了共同的认识。正如塞利娜当时所说，"高管团队的所有成员和相当比例的管理者都参与了对话"。这意味着担任管理职务的人可以与首席执行官敞开心扉进行对话，比如印度的软件开发人员可以与德国的客户关系专员进行详细的交谈。塞利娜还说道，"倾听人们说话和思考的那一刻，有一种原始但真实的感觉"。

塞利娜和我一直在思考，共同创造的过程如何支持重新设计工作，并与公司的价值观保持一致。她的观点是对话增加了人们的"周边意识"，允许并鼓励员工从非亲近圈子的其他人那里获得消息。这一点非常重要，可以解决可能导致不和谐的群体问题。通过倾听别人，员工有机会更加理解和同情他们的处境。

这个过程的关键是促进团队参与平台上的对话，并支持员工开展更广泛的对话。对话发起者设计了一些项目，让员工能够有信心把心里话说出来，例如"你能告诉我更多信息吗？"或者"这听起来很有趣，能举个例子说明你是如何做到的吗？"如此来让员工有勇气说出他们的看法。对话发起者还将牵线搭桥，比如"在另一个国家/行业也有一个人谈论这件事，我帮你联系一下"。

这一共同创造的过程在许多方面塑造了爱立信员工对重新设计工作的看法。员工直接参与对话，从而更好地了解其他人的感受、面临的选择和交易，以及如何与他们自己的经历相匹配。正如塞利娜所说，"当员工倾听和分享自己的故事时，他们可以彼此共情。从流程来看，对话揭示了整个公司正在进行的许多试验和变通方法"。这让塞利娜有机会去调查这些试验，找出那些真正关心这些试验的倡导者，并将致力于推动这些想法的员工聚集在一起。

爱立信开启对话的经验启示

我的咨询团队 HSM 咨询公司已经在我们的许多合作项目中开启了这种协作方式，通过共同创造来重新设计工作。我询问格雷厄姆·奥克斯利和哈莉特·莫利诺有哪些收获。他们指出了四个关键的方向：

第一，领导者的支持至关重要。公司领导需要界定共同创造过程的目标。我们首先会举办一系列高管研讨会，更深入地了解领导者想要解决的问题以及他们感兴趣的领域。这样做的好处就是激发高管团队的热情，并确保他们积极参与。

第二，引导员工进行讨论是重要的沟通和参与方式。我们会设计一系列的方法来吸引员工加入对话中。在为期 3 天的在线协同对话中，训练有素的对话发起者发挥着至关重要的作用，他们引导对话内容，涵盖高管团队感兴趣的主题，提出新的想法和见解。

第三，在分析对话线索时，我们发现在分析定性数据中最有效的方法是增强人与机器之间的连接。因此，虽然团队使用人工智能进行情感分析，并显示人与人之间的网络联系（例如谁回复了谁），但我们发现重要的是由人来"关注数据"。找到线索，找出关键的主题，看看这些与文化和价值观是如何保持一致的，诸如此类任务都需要有经验的员工去完成。

第四，如同任何共同创造的过程一样，当管理人员积极征求员工的见解和意见时，根据听到的意见采取行动是至关重要的。所以在为期 3 天的在线对话之后，我们通常会将那些对某个主题特别感兴趣的"冠军员工"聚集在一起，组成小组来推动这些想法的发展。

> **爱立信——值得反思的问题**
>
> 思考爱立信的团队是如何重新设计工作的。是否有办法拓宽思路，把员工聚集在一起，讨论如何重新设计工作？是否有类似于爱立信使用的便利在线平台？如果没有，是否可以把大规模对话的经验复制到你的公司？

行动清单 14
共同创造的力量

◎ 考虑一下到目前为止你们所引导的变革过程的方式。它们的优点和缺点分别是什么？

◎ 检查现有的共同创造的过程，它对你有什么影响？

◎ 通过重新设计工作模式的一个方面进行试验，并通过共同创造过程去实现这一设计。你从这次经历中学到了什么？

团队领导者的叙事

领导者可以与他人合作重新设计工作的目标和原则，通过创造一种试验感和兴奋感，使人们能够尝试新想法，并且相信失败是可以接受的。通过示范完成工作的重要行为，在支持重新设计工作方面发挥核心作用。

然而，除了所有这些重要的职能角色，当提及重新设计工作时，最让我着迷的是领导者作为叙述者的角色。我指的是领导者如何向团队描述未来：他们使用的词语，他们讲述的故事，他们在别人脑海中勾勒出的画面。在我看来，当公司处于"解冻"时，当很多机会有待争取时，当人们焦虑事情如何发展时，这些叙事都是至关重要的。

在某种程度上，这是因为企业是一个极其复杂的社会结构，由构建日常工作节奏的实践和流程组成，由无形的人际网络连接起来，通过这些人际网络，知识得以传播，身在其中的群体可能相互信任或不信任，彼此亲密或疏远。

如果你是一个领导者，那么在某种意义上，你需要在脑海中"容纳"这一系统，然后向自己和他人描述它。与此同时，你需要放眼公司外部——看看你的竞争对手在做什么，看看你的合作伙伴和利益相关者，看看金融市场是如何反应的，看看客户和游说团体在说什么。你将不可避免地成为这些强大力量和动力的一部分。担任领导是一项艰苦的工作。最优秀的领导者以一种真实的方式行事,即使在压力和紧张的情况下,也能够恪守他们的价值观,对日常生活做出判断。重要的是,他们也对他人感同身受——倾听他人的担忧,理解他人的挑战。领导者的叙事将在如何付诸行动以及如何创造方面发挥关键作用。

叙事的本质

　　公司内部充满了故事或叙事,它们构成企业的形象,出现在网站上发布的公司历史以及人们分享的公司闲话中。员工使用这些信息来理解他们的经历并形成相应观点,即成为组织的一部分意味着什么。

　　这些故事在"解冻"时期发挥着特别重要的作用,在这一时期,人们可能会感到焦虑和恐惧。当人们听到关于未来可能发生的故事时,有助于他们理解其中的时间关系和因果关系。因为这些故事是集体的经历,它们帮助群体构建经历,建立和巩固他们的集体身份。

　　神经科学家通过一系列研究揭示了故事对我们的影响。[8] 他们发现叙事在讲述人和倾听人之间建立了联系。当对人们听故事时大脑的反应模式进行研究时,他们发现大脑左侧颞叶(处理情绪、记忆和语言的区域)的活动和连通性都在增加。有趣的是,这些神经变化在试验结束后持续了好几天,而倾听数据和事实则不会激活相同的神经通路。

随着工作被重新设计，叙事也被重新塑造了。斯图尔特·弗里德曼是宾夕法尼亚大学沃顿商学院的教授，几十年来一直在研究领导力。[9] 他的观点很明确，伟大的领导者之所以是"真实的"，是因为其他人知道他们关心什么。当他对领导者进行指导时，他鼓励他们学会讲述鼓舞人心的故事，讲述他们是谁，他们要去哪里。正如斯图尔特所说："当我们了解自己的故事时，我们就了解了自己。对他来说，最有力的叙事是一个未来可期、引人入胜的故事。他们吸引和捕捉人们的注意力，帮助他人想象具体的画面——人们可以想象自己已经身处未来。这些故事是可以实现的，虽然它们尚未到来，但并非遥不可及。"

在斯图尔特看来，疫情为叙事创造了更广阔的机会，他说道：

我们都创作了关于历史和未来的故事。当领导者谈论他们来自哪里时，就是在展示自身发展的背景。人们希望听到他们在工作之外的生活。在疫情防控期间，他们经常分享工作之外的生活需求和乐趣。而他们作为父母或朋友时，会更加乐于分享自己的故事。

疫情防控期间，斯图尔特看到优秀的领导者会用一个简单的问题开场："这些天你感觉怎么样？"正如他告诉我的："这样的问题给予人们一个表达的机会，表达的情感从感激到悲伤各有不同，正是这些小事改变了关系的本质，把谈话从工具属性转变为普遍的人性。"

他还看到了领导者支持并参与试验的真正机会——去尝试新

事物，不断学习并及时调整。正如他告诉我的，这是一个机遇，"语言的力量可以推动人们克服天生的恐惧和焦虑。他们可以更加开放地想象一个不一样的未来。也许在这个时刻，工作与生活的平衡不再那么重要，更多的是一场持续不断的、有创意的互惠谈判"。这就是为什么领导者讨论未来的方式，以及他们以身作则的方式，将在重新设计工作中发挥至关重要的作用。

领导者用自己的语言来叙述

我很幸运在伦敦商学院遇见了两位很优秀的领导者：安·凯恩斯和默文·戴维斯，他们与我共同教授了四年多的未来工作选修课。他们利用这个教学机会与我的 MBA 学员讨论领导力，探讨他们对领导力在一生中如何变化的更多看法，以及他们对未来领导力变革的期望。他们也与我们分享自己的故事。

安是万事达的副董事长。她还担任支持英国政府商业与创新部门的执行小组和 30% 集团（Thirty Per Cent Group）的主席，后者在全球范围内致力于增加女性在董事会中的代表席位。她的经历让她从石油钻井平台的工程师，摇身变为花旗银行的投资银行家，在 2008 年雷曼兄弟破产后参与了部分重建工作，再到目前在万事达担任领导职务。我的学员们都很崇拜她，她是班上每个人的榜样。以下是她在 2021 年 5 月 26 日与我的学员对话时的一些亮点内容：

在我看来，领导力归根结底是价值观问题。在很多关键时刻，

当我做出决策时，人们会有所反应。他们通过询问自己来评判我，"她是一个正派的人吗？"我想对自己和他们都诚实相待，但问出这些棘手的问题需要勇气和毅力。

作为一名领导者，我不想太过求稳，我想鼓励自己和其他人充满活力，主动去做事。永远不要害怕做出改变，这是非常重要的。

当我加入万事达时，它还是一家规模较小但发展迅速的公司。重要的是，我们要尽可能保持这种平衡，拒绝等级化。人际关系非常重要，作为一名领导者，我想平易近人，我想成为一个同事们能理解的"普通人"，我想对他们的处境感同身受。

默文·戴维斯曾担任渣打银行首席执行官。他后来成为英国政府的商务部长，现在是议会议员。他还是一位连续创业者，担任过多家金融和文化机构的主席。以下是他在2021年5月19日的叙述：

这是一个意义深远的时代——国际关系紧张、疫情影响、货币政策、通货膨胀、气候变化、日益加剧的不平等；这是一个消费者行动主义的时代——变革的速度是惊人的。

作为一名领导者，我必须对我们的ESG（环境、社会和治理）目标、企业所得税以及我们所提供的服务发表看法。我的评判标准是财务目标，比如每股收益，但它不止于此。公司的宗旨是什么？我们是一家好的公司吗？这可能意味着要对一些棘手的问题发表观点，例如最低工资或使用多少塑料。我想从更广泛的角度——超越GDP来思考这些问题，而不是用经济上的成功来判断一家企业。

我对改变的态度非常重要。我需要对工作与生活的平衡、我所做的职业选择、我的假期以及我如何与家人共度时光做出判断。

以上是两位领导者谈论的领导之旅，包括他们相信的事情以及他们是如何叙述的。当然，其他人会有自己的观点和旅程。我想说的是，他们有很多事情记在心上，也有很多事情需要考虑。

优秀的领导者如何讲述自己的故事？

在我看来，无论是领导者，还是像我这样的观察者，都面临着一项挑战。在组织中，我们很容易被机制约束。我们谈论实践和流程，谈论"灵活性"，谈论奖励流程、新的沟通软件或人工智能系统。这并不是说机制不重要，相反，机制很重要，但这不是激励我们的因素。讨论数据并不能激活我们头脑中的情感部分，而情感才是驱动力的真正内核。激励我们的是故事，尤其是关于人的故事。因此，第二章使用人物画像创建框架，来回答"在生命的这个阶段，重新规划工作意味着什么"。

新闻媒体上有很多故事，例如领导者试图说明目前发生的事情，并且预测未来的发展。有这样一个例子，一位首席执行官说，"我希望每个人每周5天都回办公室办公"。他们在谈论未来，一旦他们讲出来，人们就开始想象这意味着什么，人们总是试图弄清楚自己和集体的未来发展。在思考这一叙事时，他们可以了解什么？他们又想说明什么？

从本质上来讲，这是一种双重信息，告诉人们有两种选择：办公室办公或居家办公。信息中也给出了最终定局，那就是将来如何。最重要的是，信息隐含地传达了自上而下的方法。从心理学来讲，这有点像亲子关系，领导者／父母"最了解"员工／孩子需要什么。人们将对此有何反应？我猜有些人会接受，另一些人会反对。有没有其他的方法？在充满不确定性的时期，这并非易事，但是我们还是有一些办法来改进。

在二元选择的问题上，领导者可以扩大叙事范围，说明公司正在过渡时期，让我们有机会去重新思考地点和时间问题。这是充满创造力、想象力和勇气的时刻。

至于信息中传达的定局，领导者可以说明，这段"解冻"时期是为了试验和建立框架，构建工作模式和检验选项。这也是谈论企业的目的和价值，以及这些价值如何在某种意义上可以为行动保驾护航。

通过使用自上而下的方法，领导者可以利用这个机会扩大对话范围，转向共同创造，这样他们就成为对话的参与者，而不是唯一的声音。领导者承认他们也不知道如何解决所有的问题，也会去请其他人提供帮助。

没有日常行动，这些叙事就只是空洞的言辞。当万事达公司的安·凯恩斯谈起关键时刻时，她阐述的正是这一观点。她是在评论普遍的事实，也就是说领导者会受到极大的关注。他们的言语和叙事的可信度不断受到实际行为的检验。现实与言论相符吗？这不仅仅是观察，也是行动。领导者的日常行为会对其他人产生隐性影响。模仿是人类学习的方式，人们越有权力，就越有可能被模仿。

哪些领导的行为和行动可以对重新设计工作产生重大影响？在我看来，关键在于他们在灵活性、自主性、共同创造以及创新和试验方面的表现。

在许多公司中，重新设计的原则是在时间和地点上尝试创造灵活性和自主性。这样做的好处是显而易见的——人们的压力更小，更有可能积极地投入工作，更不可能离职。

为了了解这些原则是花言巧语还是现实，员工们观察了领导者的日常行为——"关键时刻"。他们是否像默文·戴维斯一样谈论他们的家庭，以及他们如何看待自己的工作和生活？他们是否承认他们面临的挑战，并说明如何应对这些挑战？

领导者对自上而下还是共同创造的行为偏好也非常明显。领导者是否会特意倾听他人的意见？他们听从谁的意见？例如，默文在渣打银行担任领导期间，就因给全公司数百人发短信而"闻名"。他解释道：

> 我想倾听每一个人的声音——从孟买办公室的接待员到香港的外汇交易商。这意味着我需要四处走动，与人交谈。为了实现这一目标，我组建了一些小组，给他们发短信，问他们最近怎么样。我想听听他们发生了什么事。

当然，通过 Zoom 和其他协同平台可以同时接触到成千上万的人。我询问爱立信的塞利娜·米尔斯坦，在公司之前举行的为期三天的对话中，领导者参与带来了哪些影响：

在整个社区的 72 小时在线沟通期间，当首席执行官博尔济·埃克霍尔姆和他的团队加入谈话时，人们非常兴奋和活跃。与一位高级领导人进行原始的、没有剧本的谈话令人感到刺激，人们想谈论一系列问题。在这些会面中，首席执行官在没有办公室或沟通团队在场的情况下立即做出回应，真的令人难以置信。

最后，除了夸夸其谈创新之外，领导者真的在尝试和试验吗？当他人失败时他们会怎么做？

斯图尔特·弗里德曼认为领导者的创新能力和创造性至关重要。在他看来，领导者应该准备好去做试验，并找出有效的方法。

行动清单 15
支持生产力的行为和能力

◎ 当前的领导者采取什么样的叙事？他们传达了哪些信息？

◎ 思考重新设计工作的核心方面，哪些是最重要的部分？

◎ 领导者能讲述哪些与核心相关的故事，同时又能反映他们自己的利益和价值观？

重新设计工作的四个步骤

重新设计一家公司可能是一项看似令人不知所措的任务。我曾与我的咨询团队 HSM 咨询公司合作，为各种各样的公司提供支持，我发现虽然重新设计工作的四个步骤都很重要，但结果，即产生的"标签"，是独一无二的。

现在你的任务是创造"标签"——要做到这一点，你需要把所有的框架、见解和反思整合到一起。为了帮助大家对整个过程有印象，我想分享一家公司的高管团队是如何达到这一目标的。我和我的咨询团队一直在为赛捷公司的高管团队提供建议，指导他们如何最好地重新设计工作，以及如何开始重新设计工作的四个步骤。你会看到他们是如何处理每一个步骤并从中吸取经验教训的。

战略背景和目的

首先让我们着眼于背景。对于赛捷公司的领导团队来说，疫情暴发时，他们已经在进行业务转型了。赛捷公司成立于1981年，致力于会计、工资和人力资本管理（HCM）流程的电算化，现在已发展成为中小型企业后台办公数字化转型的全球市场领导者。到2021年，它拥有约13 000名员工，并充分扩大了企业足迹，为欧洲、美洲、非洲和大洋洲的20多个国家的200多万客户提供服务。

2018年底，由首席执行官史蒂夫·黑尔领导的高管团队，开始将公司的业务模式从传统的本地软件转变为基于云的软件即服务（SaaS），重点强调技术和客户旅程。这种战略转变对公司内部构建高价值产生了深远影响。在传统的商业模式中，销售人员以及销售支持团队在与客户建立密切关系方面发挥着关键作用——要么定期与他们通电话，要么前往现场与他们会面，然后再进行密切合作，确保客户能够重复购买。在 SaaS 业务模式中，数字技能脱颖而出，随着业务从销售周期转向客户周期，数字营销人员等角色占据了中心位置。为了实现这一转变，领导团队已经开始重新审视客户旅程，并重新定位工作流程，来更好地创造和传递新的客户体验。

疫情的影响加速了这一战略转型，同时也创造了这样一个机会，以设计一种工作方式吸引掌握稀缺的数字技能的人才。我与赛捷公司的职场未来项目负责人奥菲·菲茨莫里斯聊了聊疫情暴发最初几个月的事：

这是一种危机管理，我们需要在全球 20 多个地点将 13 000 名员工转移到完全虚拟的环境，在那里为他们提供服务。但这证明可以有效地进行虚拟操作。如果没有疫情的推动，我们认为这不太可能实现，但经验就是证据。

领导团队认为这是一个可以深入思考从疫情中学到了什么以及希望人们如何参与其中的机会。赛捷公司的商业使命是"通过改变人们的思维和工作方式来消除障碍，让每个人都有机会充分成长"。疫情的集体经历使团队有机会完成这一使命，不仅为客户"消除障碍",也为员工"消除障碍"。

步骤1:理解重要之处

赛捷公司的机会是去改变工作方式,让这种工作方式具有标志性,并让公司内部的人才和有潜力的新员工提出有吸引力的主张。为了实现这一目标,奥菲和她的同事组建了一个设计团队,该团队于2020年3月开始就这一倡议进行沟通,然后举办了一系列虚拟研讨会,更加深入地了解员工的需求和期望。这是重要的第一步。奥菲告诉我:

当开始构建变革案例时,我们想采用数据驱动的方法。因此,我们从内部数据开始,查看不同来源的数据,包括绩效数据、"始终倾听"和季度心态调查,这些调查提供了包括员工净推荐值在内的丰富见解。我们将疫情暴发前10%居家办公的员工与办公室办公的员工的数据进行比较,能够确定一些趋势。例如,我们发现在某些情况下,居家办公员工的净推荐值更高。我们得出的经验是,更灵活的工作方式会让同事们更加高效,双方也有很大的善意和同理心,使这项工作在更长的时间内可持续发展。

然后,设计团队通过研究行业趋势(尤其是科技行业)来补充这些基础数据,这一分析有力地强化了变革的理由。

设计团队将数据驱动的变革案例提交给领导团队,包括史蒂夫·黑尔和人力资源主管阿曼达·库斯丁,让他们进行审查和考量。

他们提出问题陈述和工作假设，并询问领导团队"我们希望如何出勤"以及"这和我们有什么关系"。

步骤2：重新构想未来

然后他们开始重新构想未来。很明显，正如调查数据显示的，员工的期望在疫情后得到提高，他们希望在重新设计工作中拥有发言权。

为拓展这一视角，设计团队开始与企业的200名员工共同创造工作方式。与领导团队的经验相呼应，他们在制定"前瞻性聚焦"方面进行了前期投资——分享行业趋势并观察其他公司的做法。

然后，他们在一系列的设计会议中，利用这种前瞻性焦点，通过要求人们重新构想未来的工作来继续共同创造。他们探讨了一系列主题：如何重新设计工作以维持个人边界，怎样才能用一种公平的方式设计工作，居家/办公室工作的可行性选择是什么。据此，他们起草了一个灵活工作的初步模式，以便进行更广泛的讨论和检验。

回顾这些设计会议，奥菲反思道：

人们真正理解了有关工作地点灵活性的问题——他们理解了居家办公和办公室办公的问题，及其对关系和协同性的影响。当他们放眼整个公司时，很明显，大家在时间方面的灵活性往往是不一致的，这种不一致使人们可能意识到其中的不公平性。

考虑到这一点,该团队探索了其他公司如何以一致和公平的方式实现时间灵活性。

获得高管团队的支持

这一初始模式在随后的两次设计会议中被提交给团队。在这些艰难推进的会议上,高管们会提出反对,检验对工作时间和地点的认知与思考。然而回顾过去,这些会议被证明在获得领导层的支持和完善原则的"红线"方面发挥了重要作用,这些原则将影响他们所做的选择。

在此之后,一个跨职能团队"未来工作小组"(包括来自内部沟通、客户体验、技术和人力等部门的人员)开始绘制对员工旅程的影响,重点在于了解如何能够通过技术改进来强化新的工作方式。

同意四个指导原则

为了推动在新工作模式中做出一致的选择,我们拟定了四个指导原则——以客户为中心、公平与信任、人际关系、试验。对于每一个原则,我们都建立了不可逾越的"红线",来巩固工作模式中一些固定不变的方面。

第一个原则是任何工作模式都必须维持或提高以客户为中心的绩效。因此,其中一条关键的"红线"是,重新设计工作将关注结果并适应不断变化的客户需求。

第二个原则是公平和信任,不可妥协的"红线"是,弹性工作制不是一种奖励,而是植根于对员工的信任,需要每个人做出妥协并承担责任。

第三个原则是重新设计工作应加强而非削弱人际关系。刻意的和有目的的沟通模式在更改工作流程中是至关重要的。任何设计都必须支持过去 18 个月里形成的人际关系和包容感。

最后一个原则是在新的工作实践的推出过程中,员工被鼓励开展大胆的试验并承担风险。正如奥菲解释的那样,"最后一条原则非常重要。整个系统都很紧张,担心我们会做出错误的选择"。因此,让人们觉得自己可以勇敢试错是至关重要的。举个例子,灵活工作的新的团队协议会被大家拿来尝试,进行反思并对其加以调整。人们越来越认识到,大家不可能第一次就把事情做得非常好。

这种试验精神反映在任何工作模式上,都必须针对业务的不同部分进行调整。例如,适用于销售团队的方法可能不适用于财务团队。为此,对团队协议的关注提供了一个了解特定环境中如何完成工作的机会,同时又能在整个业务中构建共享学习的机制。

步骤 3:设计并测试

设计工作模式

随着 2021 年工作设计过程的推进,团队开始构建工作模式并描述 4 种模式——居家工作者、弹性工作者、现场工作者和办公室工作者。

居家工作者完全是远程工作者，只有在有业务需要时才需要到办公室，这包括与同事面对面沟通的协作日。居家办公的员工可能会占到员工总数的10%。

弹性工作者可以兼顾居家办公和办公室办公。过去有一些非正式的灵活工作协议，现在的目标是将这些交流带到所有的团队。对于弹性工作的员工来说，团队内部讨论了办公室协作日的"最佳时间"，然后与管理者达成一致。这个"最佳时间"可以从一周在办公室工作一天到五天不等。当员工到办公室工作时，弹性工作者可以在团队所属的"聚落"中预订一个工位，而团队协议则为面对面工作的协作日制定了基本规则。

另外两种工作模式在员工总数中所占比例相对较小，现场工作者的职责包括与客户面对面接触，而办公室工作者需要全天待在办公室工作，拥有一个分配好的工位。

保持大胆

除了灵活的工作地点，领导团队需要大胆进行试验，并进一步扩大可能的边界。其中一项试验是"外出工作"，这是为员工提供了地理位置上较为灵活的选择，员工拥有到另一个工作地点工作长达10周的机会。这个选项是对员工需求的一种回应，他们中有些人家人待在其他国家，有些人热衷于旅行。正如奥菲所说，"我们意识到，在竞争激烈的人才领域，这可能是一个差异。我们真正需要的一些人才痴迷于充当'数字游民'，我们想给他们这样的选择机会"。

步骤 4：行动与创造

最后，赛捷公司必须行动起来，勇于创新。设计团队采取了几项开创性的行动，我们选取其中四个详细说明。

编写员工手册

随着工作模式的最终确定，管理者在一系列研讨会上检验了取得的经验，并从经验中提炼出管理者的指导手册，就像第四章中英国生命保险公司的案例一样。我们的愿望是，与其保持官僚化和决策高度集中，不如以轻松的方式接触管理者，向他们展示如何创建团队协议，如何将团队团结在一起，以及如何关注可交付的成果。这些包含了对他们有帮助的见解——有关人际网络和知识传播、边界的本质以及如何保持幸福等。

提高领导者的设计能力

随后，公司又采取了大幅提高领导者参与度和支持度的举措。大家承认，展望未来，新的工作模式只有在领导者有信心并确信将支持而非减少以客户为中心的理念的情况下才会成功。为了成功实现这一目标，我们列举了一系列谈话要点，以供领导者在讲述自己的故事时使用。这些谈话要点描述了员工应该为此感到兴奋的原因，对吸引人才、留住人才的积极影响，新的工作方式将支持"软件即服务"的战略目标，以及最好的科技公司会做什么。领导层的叙事要非常清晰：这不仅仅是弹性的问题，也不仅仅是一场"逐底竞争"，而是一种提高绩效和改善员工体验的工具。重要的是，这是领导者自己主动选择去做的事情，而非被告知需要去做的事情。

管理者的指导手册和领导者的谈话要点一起构成行动指南，它们将一起确保管理者和领导者理解团队所面临的选择。而且，至关重要的是，这将支持他们以公平、公正的方式向灵活工作转变，同时加强社会联系。正如一位高管解释的那样："我们不希望采用自上而下的方式变革，但我们确实希望团队之间能够具有公平性。我们认为这是一个试验的过程，在这个过程中测试新的工作方式，然后学习经验并纠正错误。"

团队协议

当管理者开始与他们的团队成员就如何在整个团队中以最佳方式灵活工作达成一致时，工作模式就会付诸实施。在团队的工作设计会议中，他们首先定义了团队在办公室中协同工作的最佳时间，以及在家中协作或专注于工作的最佳时间。随着时间的推移，当每位管理者与其他业务部门工作的同事交谈时，很明显，他们会发现团队之间的最佳时间是不同的。因此，当管理者与他们的同事交流，并从自己的团队成员那里得到反馈时，整个管理团队开始倾向于学习如何具有灵活性以及如何以客户为中心。例如，财务团队一开始同意每周在办公室办公四天，但很快就意识到实际上三天的时间是最理想的。对于其他分散在全球各地的团队来说，面对面一起工作一直被认为是一项至关重要但很少发生的活动。因此，从疫情的经验和不断增强的数字能力中吸取教训，他们就会更有意地去设计工作，这样的工作模式会包含大量的虚拟协同方式，偶尔也包含面对面会议。

学习和迭代

虽然人们对于如何选择增强人际关系的工作场所达成了广泛的共识，但人们意识到，当涉及时间的灵活性时，我们需要更多的设计思路和设计意图。正如奥菲所说，"我们很快就理解了工作场所，但在如何设计灵活的工作时间方面存在着更多的不确定性"。为了加深对弹性工作时间的理解，他们推出了一系列试点项目，重点是工作实践，以及利用技术对每个职能角色的灵活性、适当性进行最佳的客观评估。为了达到这一效果，他们开创了一种方法，这种方法可以根据职能角色和团队创建客观的"弹性分数"，展示时间和地点的灵活性。例如，一个职能角色是否可以由家庭工作者来承担，或者作为工作分担的一部分，或者在兼职的基础上推进？另一项试验旨在促进更多高级职位的工作分担，首先是重新设计高级职位的分担方案，从中吸取经验教训，然后在整个组织内进一步推广。

我在2021年夏天与设计团队进行了交谈，当时他们正处于行动与创造阶段。正如奥菲所说："我们正在试验并学习——我

们真的才刚刚开始。"我还询问了 HSM 咨询公司项目负责人安娜·古伦博士从中收获了什么,她指出了三个方面:

首先,围绕指导原则(而不是规则)去制定方法,这意味着人们能感受到一种集体使命感,而不用过于严格或过于灵活地告诉人们该如何工作。其次,承诺和红线向人们表明,即使其他方面发生变化或发展,该组织也会坚定地确保某些要素保持不变。最后,让人们参与制定有效工作所需的行为方式,意味着这些行为是以人们的工作方式为基础,而不是自上而下的领导。

我对赛捷公司的团队预期从这个复杂的谈判和学习过程中所获得的益处很感兴趣。他们指出了赛捷公司的商业使命——消除障碍,让每个人都能充分成长。他们意识到,要做到这一点需要构建充满包容性的工作场所,来吸引和留住最优秀的人才。他们承认设计过程非常漫长,但他们相信这也是设计工作的最佳机会,让人们在自己选择的工作场所和时间里充分成长。

行动清单 16
重新设计工作的四个步骤

◎ 查看一下这四个步骤。你目前在哪个阶段?你是否需要以一种更有目的的方式重新评估或参与其中?你经历的设计顺序是什么?

◎ 和你的设计同事一起观察赛捷公司团队是如何重新设计工作的。什么最能引起你们的共鸣？在你的公司里是否有不适合采用的内容？为什么会这样？

◎ 思考赛捷公司的设计团队在设计过程中创造参与度的各种方式——从员工、经理、管理人员到高管团队。其中有哪些方面会让你产生共鸣？

◎ 当你思考每个设计阶段的问题时，你最先考虑的是什么？你可以采取哪些行动，对创造具有独特"标签"的工作模式做出重要的贡献？

―― 未来工作

未来之路

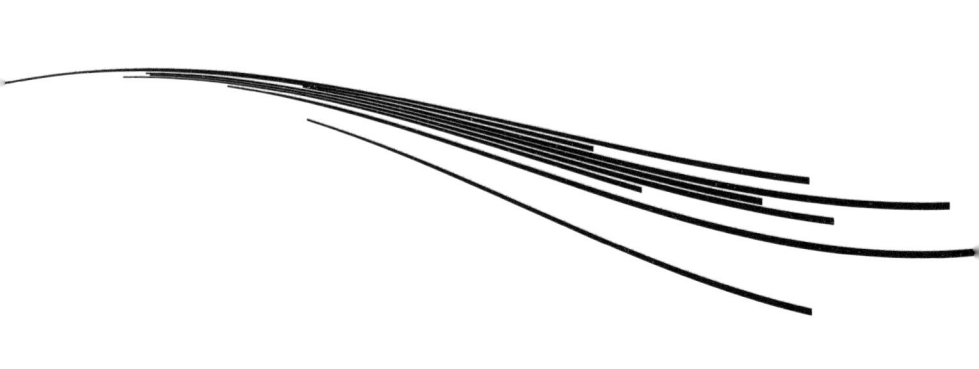

现在是你重新设计工作以确保符合未来发展目标的时候了。你可以在集体经历和集体想象中学习，也可以在正在进行的集体旅程中学习。领导者们需要向前一步，从这次疫情中积极吸取经验教训；我们也要用新的数字技能继续去官僚化，释放更多的灵活性；我们还要直面过去 10 年一直无法解决的问题，比如"始终在线"带来的现实中的困难，人际网络和情感联结虽然看不见、摸不着，但往往非常重要。

我在本书中提出了一种重新设计工作的方法——提出关键问题，参与四个设计步骤，找到公司独特的"标签"。我的观点是，虽然观察"最佳实践"有助于开拓想象力，但最终每个人和组织都必须找到一种独有的方式来匹配自己的宗旨、背景和能力。

为了帮助大家理解这个问题，我带来了世界各地不同组织的洞见。我希望你也反思了每章最后提出的问题，从中看到自己应该做什么。我还从组织框架中提炼出一些结构，可以帮助你塑造自己的想法和对话。

现在开始采取行动吧。下面是我拟的待办事项清单。

打造一个跨职能设计团队

当 HSM 咨询公司帮助许多公司重新设计工作时，最初的建议就是从头开始组建一个多职能的团队。在理想的情况下，团队成员应该覆盖组织运营过程中发挥重要作用的职能领域。这通常包含人力部门，负责人员流动、员工激励和绩效管理；在一些公司——比如汇丰银行——市场营销占到团队中的重要位置；大多数团队都有来自技术部门和战略职能部门的骨干。这种跨职能团队将完整参与四个步骤。

你也可以像英国生命保险公司的管理者一样，绕过"老面孔"，从公司各个部门中听取大家的意见。回想一下，英国生命保险公司从一开始成立了各种协同小组——从接待员、分析师到总经理，遍布整个公司。这种广泛的参与，为随后的规划带来了真正的动力。

或者你还可以像我们的许多客户已经做过的那样，让一部分员工加入重新设计工作的对话中来。仔细看看爱立信的团队是如何实践的。

参考重新设计工作指南

一旦组建好团队，接下来就开始启动四步流程了。我的建议是每个人都应该阅读这本书，这样大家就能对书中的框架较为熟悉，这些框架构建了关于重新设计工作的共同叙事。如果你能理解不同组织的洞见和需要反思的问题，也会大有帮助。我的假设是，在未来几年将会有更多的组织和研究观点得到发展。我将持续跟踪这些观点，你可以随时通过我的网站 www.lyndagratton.com 来了解最新的进展。

为了帮助你踏上重新设计工作之旅，我编写了重新设计工作指南，其中提供了可用的资源，确保你的理解是正确的。你可以登录 www.hsm-advisory.com/redesigning-work 下载，也可以找其他资源来支持这段激动人心的旅程。

成为重新设计工作学习社区的一员

我认为，在组织学习方面，其他公司和同行的洞见至关重要。这也是我在十多年前发起未来工作联盟的原因。我希望把高管和研究人员聚集在一起，让他们意识到重塑工作的力量。在共同应对疫情的挑战和机遇时，正是未来工作联盟激发了我的大部分思路。你可以在 www.hsm-advisory.com/redesigning-work 中找到更多关于这个联盟的信息。

我的咨询团队创立了一个实践项目，在这个项目中，我们与组织合作，就如何重新设计工作为管理者提供支持。你可以浏览我们的网站了解这个项目。加入我们，你将成为致力于重新设计工作的学习社区中的一员。

这是一个非凡的变革时代。我们面临着切实的挑战，也面临着真正的机遇。我们现在有机会从根本上改变我们与工作、同事和组织的关系，我们将通过重新设计工作来变革这种关系。我与你们分享的四个步骤正是这一转变之旅所发出的邀请。毫无疑问，前进的道路上会遇到阻碍，我们的勇气和尝试将受到考验。然而，当我看到世界各地的人更进一步去讨论、合作和建立联系时，我相信我们一定可以开创一个工作上更加富有成效、能够创造非凡成就的未来。

致谢

几十年来,教学、写作和讨论工作可能发生的变化一直是我关注的焦点。疫情影响颇多,当我们思考如何更好地利用这个机会,用我们一直希望的方式改变工作时,许多人都和我一样满怀激情。

正是这种激情驱使着我的团队 HSM 咨询公司为客户提供出色的支持,并在过程中越来越了解如何重新设计工作。感谢哈莉特·莫利诺(Harriet Molyneaux)管理着咨询团队,感谢艾玛·伯查尔(Emma Birchall),她的观点构成了本书的重要内容,感谢萨莉·麦克纳马拉(Sally McNamara)领导着我们的亚洲业务部。感谢安娜·古伦(Anna Gurun)博士、萨姆·麦卡锡(Sam McCarthy)、格雷厄姆·奥克斯利(Graham Oxley)和奥利弗·费里曼(Oliver Ferriman)领导了未来工作联盟的研究和相关咨询工作。此外还要感谢夏洛特·詹金斯(Charlotte Jenkins),她出色地管理了网络研讨会和我的社交媒体。

故事开始于十多年前,当时来自二十家公司的高管聚集在一起思考和讨论工作。从那时起,陆续有九十多家公司成为联盟成员,我对所有与我们合作的高管深表感谢。特别感谢同意接受本书采访的成员——塔塔咨询服务公司的拉姆库马尔·钱德拉塞克兰(Ramkumar Chandrasekaran)和安舒·卡普尔(Anshoo Kapoor),富士通公司的平松浩树(Hiroki Hiramatsu),英国电信公司的尼古拉·米勒德(Nicola Millard),以及澳大利亚新南威尔士州公共服务委员会的克里斯·兰姆（Chris Lamb）。

重新设计工作是一个复杂的过程，我非常感谢与HSM咨询公司合作的高管们。一些人分享了他们的故事和洞见——感谢CPP投资公司的达里奥·科萨拉克（Dario Kosarac）、奥雅纳公司的詹尼·埃默里（Jenni Emery）和乔·科伦萨（Joe Correnza）、赛捷公司的奥菲·菲茨莫里斯（Aoife Fitzmaurice）、英国生命保险公司的马修·威尔逊（Matthew Wilson）和洛兰·丹尼（Lorraine Denny）、爱立信公司的塞利娜·米尔斯坦（Selina Millstam）以及汇丰银行的利安娜·卡茨（Leanne Cutts）。

我之前的两本书，《百岁人生：长寿时代的生活和工作》和《长寿人生：如何在长寿时代美好地生活》，是和伦敦商学院的同事安德鲁·斯科特（Andrew Scott）合著的。安德鲁现在关注的是长寿议题，但他仍然是我的精神生活的重要支柱，我和他经常聊很长时间，聊的事情也很有趣。谢谢你，斯科特！

疫情的第一天——对我来说，这一天是2020年3月14日，我参加了世界经济论坛未来理事会创造就业议题组的（虚拟）会议。我和国际工会联合会的秘书长沙兰·伯罗（Sharan Burrow）共同主持了这个会议。在接下来的几个月里，理事会举办了会议并交流想法，讨论了我们关注到的一些棘手问题。我从理事会成员那里学到了很多，我非常感谢他们为帮助理事会达成愿景所做的贡献。

这是一个迷人的时代，我接触过很多人，倾听了他们是如何看待工作的以及他们正在经历什么。我特别感谢那些为本书做出贡献的人：沃达丰公司的安妮·希恩（Anne Sheehan），普华永道会计师事务所的彼得·布朗（Peter Brown）、联合利华的亚历山德鲁·丁加（Alexandru Dinca）、莫拉格·利纳格（Morag Lynagh）和普拉西德·若维尔（Placid Jover），澳大利亚电信公司的亚历克斯·巴德诺赫（Alex Badenoch），Mursio 公司的马克·阿特金森（Mark Atkinson）和渣打银行的塔努吉·卡皮拉什米（Tanuj Kapilashrami），威瑞森公司的迈克尔·松德曼（Michael Sunderman）和微软公司的波希娅·吴（Portia Wu）。

随着疫情的发展，我的日记充满了其他人的所见所感。感谢重新设计工作的凯文·德莱尼（Kevin Delaney）、英国《金融时报》的安德鲁·希尔（Andrew Hill）、黛安娜·盖尔松（Diane Gherson）、斯图尔特·弗里德曼（Stewart Friedman）以及伦敦商学院的同事埃米尼亚·伊巴拉（Herminia Ibarra）和阿涅塔·拉坦（Aneeta Rattan）。

伦敦商学院 MBA 选修课"工作的未来"确实令人兴奋。这也给了我一个机会来验证我的想法，倾听学员们是如何思考他们未来的工作的。非常感谢这些学员，也感谢那些与他们分享自己故事的了不起的领导者——阿尔忒弥斯关系战略咨询公司的克里斯蒂·约翰逊（Christy Johnson）、万事达公司的安·凯恩斯（Ann Cairns）和默文·戴维斯勋爵（Mervyn Davies）。

本书的起源是麻省理工学院《斯隆管理评论》的一系列专栏文章和《哈佛商业评论》上关于混合办公的文章。两家杂志社的编辑都给了我难以置信的支持，让我不断打磨自己的想法，完成我想要输出的观点。我非常感谢《哈佛商业评论》的托比·莱斯特（Toby Lester），尤其感谢《斯隆管理评论》的莱斯利·布罗考（Leslie Brokaw），他不仅出色地编辑了我的专栏文章，还在我写作本书时给了我启迪。

企鹅出版社的编辑莉迪娅·亚迪（Lydia Yadi）发现了写一部重新设计工作的作品的机会，并鼓励我在非常短的时间内满怀热情地落笔。还要感谢企鹅出版社的西莉亚·布祖克（Celia Buzuk），她的热情和持续不断的支持确保了这本书能够及时观照当下。最后，一如既往非常感谢我亲爱的朋友兼文学经纪人——来自PFD的卡罗琳·米歇尔（Caroline Michel）。

因为本书的主题如此具有时效性，因此我们都想尽快完成，这不可避免地意味着我要花很长时间用于著书。在此，我由衷地感谢我的丈夫奈杰尔·博德曼（Nigel Boardman）和我的儿子克利斯蒂安·塞尔森（Christian Seiersen）、多米尼克·塞尔森（Dominic Seiersen）的支持。

注释

前言

1 L.Gratton and A.J. Scott, *The 100-Year Life: Living and Working in an Age of Longevity* (Bloomsbury, 2016); A.J. Scott and L.Gratton, *The New Long Life: A Framework for Flourishing in a Changing World* (Bloomsbury, 2020).

2 K.Lewin, *Field Theory in Social Science: Selected Theoretical Papers*, ed. Dorwin Cartwright (Harper, 1951).

3 J.Rawls, *A Theory of Justice* (Harvard University Press, 1971).

4 US National Bureau of Economic Research, 'Away from home and back: coordinating (remote) workers in 1800 and 2020', NBER, December 2020.

5 N.Bloom, 'The productivity pitfalls of working from home in the age of Covid-19'. Interview by Adam Gorlick, *Stanford News*, 30 March 2020.

6 US National Bureau of Economic Research, 'Collaborating during Coronavirus: the impact of Covid-19 on the nature of work', NBER, July 2020.

7 A.Haldane, 'Does working from home make us more or less creative?', *Financial Times*, 26 October 2020.

8 L. Thompson, 'Virtual collaboration won't be the death of collaboration', *MIT Sloan Management Review*, 8 December 2020.

第二章 理解重要之处

1 M.Polanyi, *The Tacit Dimension* (University of Chicago Press, 2009).

2 M.Kildu and W.Tsai, *Social Networks and Organizations* (Sage, 2003); R.S.Burt, 'The network structure of social capital', *Research in Organizational Behaviour* 22 (2000): 345–423.

3 L.Gratton, *Hot Spots: Why Some Companies Buzz with Energy and Innovation and Others Don't* (Prentice Hall, 2017).

4 M.Granovetter, *Getting a Job: A Study of Contacts and Careers* (University of Chicago Press, 1974).

5 R.S. Burt, 'Structural holes and good ideas', *American Journal of Sociology* 110,2 (2004): 349–399.

6 L.Gratton, 'Maslow's hierarchy of needs across three social groups', unpublished doctoral thesis, 1981.

7 L.Gratton, *The Shift: The Future of Work is Already Here* (HarperCollins, 2014).

8 J.Petriglieri, 'Couples that work: how dual career couples make it work', *Harvard Business Review*, September–October 2019.

9 McKinsey & Company, 'Global survey: the state of AI

in 2020'; World Economic Forum, 'The future of jobs report, 2020'.

10 L.Gratton and A.J. Scott, 'The corporate implications of longer lives', *MIT Sloan Management Review*, March 2017.

11 Kauman Index of Entrepreneurial Activity, '2018 National report on e arlystage entrepreneurship'.

12 B.Groysberg, *Chasing Stars: The Myth of Talent and the Portability of Performance* (Princeton University Press, 2012).

13 McKinsey Global Institute, 'A labor market that works: connecting talent with opportunity in the digital age', June 2015.

14 Kaiser Family Foundation/*New York Times*/CBS News poll of 1,002 nonemployed US adults, December 2014.

第三章 重新构想未来

1 L.Gratton, and S.Ghoshal, 'Beyond best practice', *MIT Sloan Management Review*, April 2005.

2 V. Alexander, 'I've been designing offices for decades. Here's what I got wrong', *Fast Company*, July 2019.

3 E.Bernstein and B.Waber, 'The truth about open offices', *Harvard Business Review*, December 2019.

4 N.Bloom, J.Laing, J.Roberts and J.Ying, 'Does working from home work–evidence from a Chinese experiment', *Stanford Business Working Paper* no.3109, March 2013.

5 T.Jones and L.Gratton, 'The third wave of virtual work', *Harvard Business Review*, January–February 2013.

6 J.Useem, 'The psychological benefits of commuting to work', *The Atlantic*, July–August 2021.

7 B.E. Ashforth, *Role Transitions in Organizational Life: An Identity-based Perspective* (Routledge, 2000).

8 B.E. Ashforth, G.E. Kreiner and M.Fugate, 'All in a day's work: boundaries and micro role transitions', *Academy of Management Review* 25 (2000): 472–491.

9. 同上。

10 J.Cerrato and E.Cifre, 'Gender inequality in household chores and work–family confiict', *Frontiers of Psychology*, 3 August 2018. See also Gallup data, for example M.Brenan, 'Women still handle main household tasks in U.S.', *Politics*, 29 January 2020.

11 A.Rattan, 'When confronting a biased comment can increase your sense of belonging at work', *Harvard Business Review* digital article, 4 May 2018.

12 R.Putnam, *Bowling Alone: The Collapse and Revival of American Community* (Simon & Schuster, 2000).

13 D. Silver et al., 'Mastering the game of Go without human knowledge', *Nature* 550 (2017): 354–359.

14 For an overview of the impact of AI on work: T.Malone, 'How human computer "superminds" are defining the future of work', *MIT Sloan Management Review*, June 2018; T.Malone,

D.Rus and R.Laubacher,'Artificial intelligence and the future of work', MIT Work of the Future research brief 17, December 2020. How this might play out with regard to automation: Digital/McKinsey, 'Driving impact at scale from automation and AI', February 2019. For a discussion of the basis of causality: J.Pearl, *Causality: Models, Reasoning and Inference* (Cambridge University Press, 2000).

15 C.Barnes and G.Spreitzer,'Why sleep is a strategic resource', *MIT Sloan Management Review*, December 2014.

16 E.Bernstein, J.Shore and D.Lazer,'Improving the rhythm of your collaboration', *MIT Sloan Management Review*, September 2019.

17 M.Csikszentmihalyi, *Flow: The Psychology of Optimal Experience* (Harper Perennial, 2008).

18 L.A. Perlow,'The time famine: toward a sociology of work time', *Administrative Science Quarterly* 44, 1 (1999): 57–81.

19 Bernstein, Shore and Lazer,'Improving the rhythm of your collaboration'.

20 A.Whillans,'Time confetti and the broken promise of leisure', *Behavioral Scientist*, 7 October 2020.

21 A.Whillans, *Time Smart: How to Reclaim Your Time and Live a Happier Life* (Harvard Business Review Press, 2020).

22 Bernstein, Shore and Lazer,'Improving the rhythm of your collaboration'.

23 同上。

24 L.Perlow, C.N. Hadley and E.Eun, 'Stop the meeting madness; how to free up time for meaningful work', *Harvard Business Review*, July–August 2017.

25 C.Newport, *A World Without Email: Reimagining Work in an Age of Communication Overload* (Portfolio, 2021), and see also his 'Knowledge workers are bad at working (and here's what to do about it)', Study Hacks blog post, November 2012.

26 Microsoft White Paper, 'The new future of work: research from Microsoft into the pandemic's impact on work practices'.

27 T.Neeley, 'How to have a good meeting', *New York Times*, 25 June 2021.

28 C.Weaver, 'Meetings. Why? Does this conversation need to be a meeting? Does anything?', *New York Times*, 24 June 2021.

29 N.Bloom, J.Davis and Z.Zhestkova, 'COVID-19 shifted patent applications towards technologies that support working from home', Becker Friedman Institute Working Paper no. 2020-133, January 2021.

30 Samantha Schaevitz, 'Three months, 30x demand: how we scaled Google Meet during COVID-19', Google Workspace, 6 August 2020.

31 C.Baden-Fuller and S.Haefiiger, 'Business models and technological innovation', *Long Range Planning* 46, 6 (2013): 419–426.

32 E.Bernstein, A *Manager's Guide to the New World of Work:*

The Most Effective Strategies for Managing People, Teams and Organizations (MIT Press, 2020).

33 Simon Read, 'No full-time return to the office for over a million', BBC News, 6 May 2021.

第四章　设计并测试

1 Scott and Gratton, *The New Long Life*.

2 A.J. Scott, M.Ellison and D. A. Sinclair, 'The economic value of targeting aging', *Nature Aging 1* (2021): 616–623.

3 J.Hartshorne and L.Germine, 'When does cognitive functioning peak? The asynchronous rise and fall of cognitive abilities across the life span', *Psychological Science* 26, 4 (2015): 433–443.

4 Roleshare podcast, 'Don't choose between the best talent get both', 15 October 2020; www.roleshare.com/toolkit/dont-choose-between-the-besttalent-get-both.

5 'The Job Share Project– job-sharing at senior levels– making it work', report by Capability Jane 2020; https://thejobshareproject.com/.

6 Civil Service people survey 2018, results by demographic group.

7 PwC, 'Hopes and fears 2021 the view of 32,500 workers'.

8 World Economic Forum, 'The future of jobs report 2020'.

9 D.Autor, 'Why are there still so many jobs? The history and future of workplace automation', *Journal of Economic Perspectives* 29, 3 (2015): 3–30.

10 D.Autor, D.Mindell and E.Reynolds, 'The work of the future building better jobs in an age of intelligent machines', report by MIT's task force on the future of work, November 2020.

11. 同上。

12 World Economic Forum, 'The future of jobs report employment, skills and workforce strategy for the Fourth Industrial Revolution', January 2016.

13 L.Gratton, 'The challenge of scaling soft skills', *MIT Sloan Management Review,* August 2018.

14 S.Turkle, *Alone Together: Why We Expect More from Technology and Less from Each Other* (Basic Books, 2017).

15 L.Gratton, 'An emerging landscape of skills for all', *MIT Sloan Management Review,* March 2021.

16 P.Blair et al., 'Search for STARs: work experience as a job market signal for workers without a bachelor's degree', NFER Working Paper Series 26844, and 'Reach for the STARs: the potential of America's hidden talent pool', Opportunity@Work and Accenture, March 2020.

17 L.Gratton, *The Key: How Corporations Succeed by Solving the World's Toughest Problems* (McGraw-Hill, 2014).

18 World Economic Forum Global Council on the New Agenda for Work, Wages and Job Creation, Building *Back Broader: Policy Pathways for an Economic Transformation*, White Paper, June 2021.

19 P.Zac, 'The neuroscience of trust – management behaviours that foster employee engagement', *Harvard Business Review*, January–February 2017.

20 J.Brockner, 'Why it's so hard to be fair', *Harvard Business Review*, March 2006.

21 J.Greenberg and J.Colquitt (eds), *Handbook of Organizational Justice* (Psychology Press, 2005).

22 Edelman 2020 Trust Barometer; www.edelman.com/trust/2020-trustbarometer.

23 M.Sverke, J.Hellgren and K.Näswall (2002), 'No security: a meta-analysis and review of job insecurity and its consequences', *Journal of Occupational Health Psychology* 7 (2002): 242–264; see also S.J. Sucher and S.Gupta, 'Layffos that don't break your company: better approaches to workforce transition', *Harvard Business Review*, May–June 2018.

第五章　行动与创造

1 H.Mintzberg, *The Nature of Managerial Work* (Harper & Row, 1973).

2 WTI Pulse Report, 'In hybrid work, managers keep teams

connected', Microsoft, 2021; www.microsoft.com/ en-us/worklab/ work-trend-index/managers-keep-teams-connected.

3 C.C. Markides, *Organizing for the New Normal: Preparing Your Company for the Journey of Continuous Disruption* (Kogan Page, 2021).

4 A.Hill, 'It's time to extinguish the "burning platform" for good', *Financial Times*, 27 June 2021.

5 J.Hagel, *The Journey Beyond Fear: Leverage the Three Pillars of Positivity to Build Your Success* (McGraw-Hill, 2021).

6 同上。

7 H.Chesbrough, 'The era of open innovation', *MIT Sloan Management Review*, April 2003.

8 P.J. Zak, 'Why your brain loves good storytelling', *Harvard Business Review*, 28 October 2014.

9 S.Friedman, *Leading the Life You Want: Integrating Work and Life* (Harvard Business Review Press, 2014).